Grijalbo

Primera edición: marzo de 2020

8950 SW 74th Court, Suite 2010
Miami, FL 33156

Fotos del autor y de platillos: Felipe Cuevas, @culinarylense
Fotos adicionales: Shutterstock.com
Ver más detalles en la página 176
Diseño: Ramón Navarro

ISBN: 978-1-949061-98-7

Impreso en Estados Unidos — *Printed in USA*

Penguin
Random House
Grupo Editorial

Madre, te dedico este libro como muestra de mi agradecimiento. Tu preocupación porque estuviéramos bien alimentados fue la base para llegar a cumplir muchos de mis sueños, entre ellos mi primer libro. Gracias por siempre estar aquí, empujándonos.
Te amo mucho.

Índice

Introducción

Desayunos

CAPÍTULO 1

Ensaladas y sopas

CAPÍTULO 2

Recetas fáciles

CAPÍTULO 3

Platos fuertes

CAPÍTULO 4

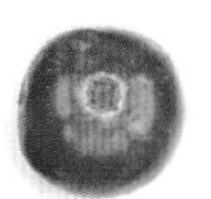

Introducción

La cocina me ha ayudado a conseguir todo lo que he logrado en mi vida. Llegué a Estados Unidos con la ilusión de ser beisbolista, pero el destino, el haberme quedado sin papeles y la necesidad me llevaron a lavar platos en una cadena de restaurantes especializada en desayunos: IHOP. Mi deseo de crecer y mis ganas de aprender no me dejaron detenerme y, durante cinco años, aprendí todo sobre ese negocio, incluyendo la cocina.

Debo confesar que nunca me imaginé que la cocina iba a ser el motor y la herramienta para cumplir mi sueño, el americano, y para entrar en cada uno de sus hogares todas las mañanas a través de *Despierta América*.

Hoy en día, amo la cocina tanto como los deportes... Cada aroma, cada color, cada condimento o sabor me remontan a mi infancia, a mi mamá haciendo mis platillos favoritos, o al papel de ayudante de repostería de mi hermana en mi Venezuela natal.

Los mejores ingredientes, que son la base de este libro y de mi vida, son las enseñanzas, como las de mis padres que dejaron su estabilidad y su vida por seguirnos.

Vi a mi papá, después de tener su propia compañía y ser un profesor muy exitoso y querido, llegar a Estados Unidos para trabajar en una gasolinera... Y a mi mamá, quien de un trabajo estable y una vida cómoda en su hogar, se mudó a un Miami donde se vio limpiando casas, tarea que hizo hasta hace muy poco tiempo.

La enseñanza de Papá Dios me demostró que cada sueño alcanzado es el paso a uno mayor y que cada sacrificio, en verdad, tiene su recompensa si no te rindes, si te dejas guiar y agradeces.

Mi sueño era jugar béisbol y eso me trajo a Estados Unidos, pero después de la universidad, esa ilusión se fue desvaneciendo. Sin embargo, cuando pensé que había perdido el tiempo, mis experiencias laborales, entre el restaurante y las compañías de distribución de alimentos, me llevaron a trazarme una nueva meta, la de tener mi propio restaurante aplicando todo lo que había aprendido en el camino.

Pero ahí no terminó mi sueño, sino que fue otro paso más, pues me invitaron a presentar mi restaurante en *Despierta América*, el *show* que veía todas las mañanas en la cadena que me había motivado a estudiar periodismo. Sí, Univision, la misma cadena que había visitado hacía años pidiendo trabajo como periodista deportivo, me estaba abriendo las puertas a un nuevo sueño.

Y ahora me dispongo a iniciar esta nueva aventura contigo. ¿Te atreves a cocinar conmigo? ¡Vamos, te invito a entrar a mi cocina y a mi vida!

Desayunos

Los desayunos, sin duda, han marcado mi vida profesional... Todos comenzamos el día con ellos y son la razón de que ustedes me permitan entrar cada mañana a sus hogares desde *Despierta América*... Gracias a los desayunos, tuve mi primer trabajo importante en Estados Unidos y terminé por convencerme de que la gastronomía es mi pasión. Acompáñenme, que les cuento por qué.

AREPAS FRITAS DE ANÍS (DULCES): LA RECETA DE MI MAMÁ

¡Qué lindo recuerdo! Una mañana de ensueño era aquella en que despertábamos con el aroma de las arepas fritas de anís de mi mamá... Ella mejor que nadie conoce mi debilidad por lo dulce. Aquí les comparto su secreto...

- **1 taza de harina de maíz**
- **1 taza de agua**
- **1 cucharada de azúcar**
- **½ cucharada de semillas de anís**
- **¼ de cucharada de sal**
- **2 tazas de aceite**

Tiempo: 30 minutos | **Porciones: 6**

1. Echa la harina de maíz en un tazón, añádele las semillas de anís y mézclalas con las manos para que las semillas se distribuyan uniformemente.
2. Vierte el agua en un tazón o taza medidora y añade la sal y el azúcar. Revuélvelos hasta que se disuelvan.
3. Agrega la mezcla lentamente al agua y comienza a amasarla con las manos.
4. Una vez que la masa esté lista, déjala reposar durante un minuto mientras te preparas para el siguiente paso. La masa estará lista cuando tenga una textura similar a la de la plastilina, pero firme y que no se agriete.
5. Haz tus arepas del diámetro que desees y ábreles un agujero en el centro antes de freírlas, esto les dará un toque extracrocante.
6. Fríelas en un sartén medianamente hondo hasta que tomen un color marrón/dorado por ambos lados. Usa suficiente aceite, de manera que cubra las arepas por completo cuando las introduzcas en el sartén.
7. Colócalas sobre toallas de papel para eliminar el exceso de aceite.
8. Sírvelas calientes con queso blanco (y un poco de mantequilla si lo deseas).

AVENA: EL INGREDIENTE FAVORITO DE *DESPIERTA AMÉRICA*

Todos en *Despierta América* hemos hecho de la avena nuestra compañera, nuestra mejor aliada. Yo no salgo de la casa en las mañanas sin comerme mi taza de avena. Aquí les voy a compartir tres recetas, una de ellas es la favorita de mi jefa, Luzma Doria.

Arepas de avena

- **1 taza de harina de maíz**
- **1½ tazas de agua**
- **½ taza de hojuelas de avena**
- **1 cucharada de aceite**
- **¼ de cucharadita de sal**
- **¼ de cucharadita de azúcar**

Tiempo: 40 minutos | **Porciones: 6**

1. Vierte la harina de maíz en un tazón junto con las hojuelas de avena y mézclalas con las manos para que se distribuyan uniformemente a lo largo de la mezcla.
2. Vierte el agua en un tazón, añade la sal y el azúcar, y revuelve hasta que se disuelvan.
3. Agrega la mezcla al agua lentamente y comienza a amasar con las manos.
4. Una vez que la masa esté lista, déjala reposar durante un minuto mientras te preparas para el siguiente paso. La masa estará lista cuando tenga una textura similar a la de la plastilina, pero firme y que no se agriete.
5. Haz tus arepas del diámetro deseado y cocínalas en un sartén a temperatura media-alta durante unos 4 minutos por cada lado.
6. Precalienta el horno a 380 ºF y pon las arepas ¡por NO más de 15 minutos!

Avena de Yisus

- 2 tazas de agua
- 1 taza de avena (hojuelas enteras)
- ½ taza de leche de almendra
- 1 cucharada de canela en polvo
- ½ cucharada de ralladura de limón
- 1 cucharada de azúcar moreno
- ½ manzana verde
- 1 cucharada de arándanos secos

Tiempo: 30 minutos | Porciones: 4

1. En una olla mediana, pon a calentar el agua con la canela y el azúcar moreno.
2. Cuando esté bien caliente (no hirviendo), agrega la avena.
3. Cocina por unos 5 a 7 minutos o hasta que espese. Agrega entonces la leche de almendras.
4. Mezcla bien, añade la ralladura de limón y vuelve a mezclar.
5. Sirve y agrega la manzana picada en cuadritos y los arándanos secos.

Pancakes de avena: los favoritos de mi jefa, Luzma Doria

- 1 taza de avena en hojuelas
- 1½ tazas de harina para todo uso
- 3½ cucharaditas de polvo de hornear
- 1 cucharada de canela en polvo
- 1 cucharadita de extracto de vainilla
- 1 cucharadita de sal
- 1¼ tazas de agua
- 1 huevo (solo la clara)
- 1 cucharada de mantequilla, derretida

Tiempo: 40 minutos | Porciones: 6

1. En un tazón grande, mezcla la harina, la avena, el polvo de hornear, la sal, la canela y el extracto de vainilla. Luego agrega el agua y el huevo. Mezcla hasta que quede suave.
2. Calienta una plancha (o sartén) ligeramente engrasada a fuego medio-alto. Vierte la masa en la plancha, utilizando aproximadamente ¼ de taza por cada panqueque. Dora por ambos lados y listo.

Para darles el toque final, sirve frutas, como arándanos, y semillas de chía sobre los pancakes.

BUÑUELOS: EL MEJOR JUEGO DE COCINA CON MIS HIJAS

Me encanta cocinar con mis hijas Anabella y Silvana. Ellas son amantes del queso y hacer buñuelos juntos es todo un juego. Preparar la masa y formar las bolitas es como jugar con plastilina para ellas. Se hace un desastre en la casa, pero son felices porque compartimos y, además, comen con gusto.

- **1 taza de aceite vegetal para freír**
- **¾ de taza de maicena**
- **¼ de taza de harina de yuca**
- **1 libra de queso latino fresco rallado**
- **¼ de taza de miel**
- **2 huevos**
- **¼ de cucharadita de polvo de hornear**
- **1 pizca de sal**
- **1 cucharada de leche**

Tiempo: 40 minutos | **Porciones: 6**

1. Coloca todos los ingredientes, excepto el aceite, en un tazón mediano y mézclalos bien con las manos hasta obtener una masa suave.
2. Forma pequeñas bolas con las manos.
3. En una olla profunda, calienta el aceite vegetal a 350 °F (de medio a caliente). Deja caer cuidadosamente las bolas en el aceite tibio y fríelas de 3 a 4 minutos aproximadamente. Asegúrate de que se doren uniformemente.
4. Retira los buñuelos del aceite y ponlos a escurrir en un plato forrado con toallas de papel.

buñuelos

CACHAPAS: UN DESAYUNO DE MISS UNIVERSO

Las cachapas son un desayuno muy típico venezolano; por eso, recuerdo que cuando me dijeron que Alicia Machado nos visitaría en *Despierta América*, lo primero que pensé fue en recibirla con algo que le hiciera recordar nuestra tierra. Aquí les comparto la recetica a lo Miss Universo.

- **1 taza de granos de maíz (3 mazorcas aproximadamente)**
- **2 cucharaditas de sal**
- **1 taza de azúcar**
- **1 taza de leche**
- **½ barra de mantequilla**
- **Queso guayanés para rellenar**

Tiempo: 25 minutos | **Porciones: 6-8**

1. Con un cuchillo, rebana los granos de maíz y licúalos. Verás como vas obteniendo una mezcla un poco espesa. Agrega las dos cucharaditas de sal, el azúcar, la taza de leche y licúa por 3 minutos más hasta que la masa quede un poco más líquida.
2. Calienta un sartén y engrasa con 1 cucharada de mantequilla.
3. Con una cuchara sopera, agrega un poco de masa al sartén. Cocina por ambos lados hasta que la arepa se dore. Retírala y reserva.
4. Una vez hecha la primera cachapa, repite el paso anterior hasta terminar la masa.
5. Añade queso guayanés, o de mano, sobre cada cachapa y dóblala.
6. Agrega un poco de mantequilla sobre cada cachapa.

Busca que el maíz sea lo más dulce posible.

CHILAQUILES

Con todos mis amigos y televidentes latinos, aprendí a cocinar muchos platillos mexicanos, pero los chilaquiles fueron, en realidad, un gran desafío: lograr que Alan Tacher no me provocara diciendo que en México desayunaba mejor... ¿Que si le gustaron mis chilaquiles? No dijo nada, pero tampoco dejó nada en el plato.

- **Trozos de tortillas fritos**

Para la salsa de chile rojo

- **7 guajillos secos o chiles de Nuevo México**
- **2 tazas de agua hirviendo**
- **1 lata de 28 onzas de tomates enteros, escurridos**
- **1 cebolla blanca mediana, picada (1½ tazas)**
- **5 dientes de ajo, picados**
- **1 jalapeño, con semillas, picado**
- **⅛ de cucharadita de pimentón dulce ahumado o húngaro**
- **2 cucharadas de aceite vegetal**
- **2 cucharaditas de miel**
- **Sal y pimienta recién molida**

Tiempo: 40 minutos | **Porciones: 6**

1. Coloca los chiles en un tazón mediano.
2. Cúbrelos con 2 tazas de agua hirviendo y déjalos en remojo hasta que se ablanden: unos 15 minutos.
3. Escurre los chiles y reserva el líquido de remojo.
4. Desecha los tallos y semillas.
5. Coloca los chiles en una licuadora.
6. Agrega los tomates y el resto de los ingredientes... Importante: añádele también 1 taza del líquido de remojo reservado.
7. Hazlo puré y sigue batiendo hasta que quede suave.
8. Calienta el aceite en una cacerola mediana a fuego medio-alto.
9. Agrega el puré (ten cuidado porque va a salpicar) y déjalo hervir.
10. Reduce primero el fuego a medio y luego ponlo a cocinar a fuego lento. Cúbrelo de manera parcial y revuelve ocasionalmente hasta que se espese un poco, aproximadamente 15 minutos (añade más del líquido de remojo reservado si es demasiado espeso).
11. Cúbrelo y déjalo enfriar. Vuelve a calentar antes de usarlo, vertiendo la salsa sobre los trozos de tortilla.

HUEVOS FRITOS: ¡HAY MUCHOS!

La mayoría de ustedes no saben la variedad de huevos fritos que existen. Bueno, yo tampoco lo sabía... Otra cosa que le debo a mi primer trabajo. Ya saben que no podría vivir sin el desayuno y esto es proteína pura perfecta para comenzar el día y entrenar.

- **1 huevo**
- **Mantequilla**

Tiempo: 10 minutos | **Porciones: 1**

Lado soleado hacia arriba (*sunny side up*)

1. Agrega mantequilla en un sartén a fuego medio-alto hasta que esté caliente.
2. Quiebra el huevo y viértelo en el sartén. Inmediatamente, reduce el calor a bajo.
3. Cocínalo lentamente hasta que la clara esté completamente asentada y la yema comience a espesar, pero no estén duras, de 4 a 5 minutos.

Suaves y ligeramente cocinados arriba (*over easy*)

1. Agrega mantequilla en un sartén a fuego medio-alto hasta que esté caliente.
2. Quiebra el huevo y viértelo en el sartén. Inmediatamente, reduce el calor a bajo.
3. Cocínalo lentamente hasta que la clara esté completamente asentada y la yema comience a espesar, pero no estén duras, de 4 a 5 minutos.
4. Dale vuelta al huevo y cocínalo por unos 10 a 30 segundos adicionales.

Semifirmes y medianamente cocinados arriba (*over medium*)

1. Agrega mantequilla en un sartén a fuego medio-alto hasta que esté caliente.
2. Quiebra el huevo y viértelo en el sartén. Inmediatamente, reduce el calor a bajo.
3. Cocínalo lentamente hasta que la clara esté completamente asentada y la yema comience a espesar, pero no estén duras, de 4 a 5 minutos.
4. Dale vuelta al huevo y cocínalo por unos 30 a 60 segundos.

Fritos duros (*over hard*)

1. Agrega mantequilla en un sartén a fuego medio-alto hasta que esté caliente.
2. Quiebra el huevo y viértelo en el sartén. Inmediatamente, reduce el calor a bajo.
3. Cocínalo lentamente hasta que la clara esté completamente asentada y la yema comience a espesar, pero no estén duras, de 4 a 5 minutos.
4. Dale vuelta al huevo y cocínalo de 1 a 2 minutos.

Asegúrate de engrasar muy bien el sartén por todas sus paredes y bordes, eso facilitará tu trabajo a la hora de voltear los huevos.

HUEVOS PICANTES REVUELTOS CON SALCHICHA

Este es uno de los secretos mejor guardados en la cocina de *Despierta América*, el que fuera el desayuno de Ana Patricia durante todo el embarazo de Gael. Lo mejor de todo es que pedía tortillas de maíz ¡para limpiar el plato!

- **4 huevos**
- **3 salchichas**
- **1 jalapeño**
- **1 cucharada de aceite**
- **Sal**
- **Pimienta**

Tiempo: 40 minutos | **Porciones: 6**

1. En un sartén, calienta el aceite. Luego sofríe las salchichas por 5 minutos.
2. Pica los jalapeños en *brunoise* (cubos pequeñitos) y sofríelos con las salchichas por 3 minutos.
3. Bate los huevos junto con la sal y la pimienta.
4. Agrega los huevos al sartén con las salchichas y el jalapeño. Cocínalo todo junto entre 5 y 7 minutos, dependiendo de qué tan secos o húmedos te gusten.

Si quieres que queden como los que le gustan a Ana Patricia, deja secar bien los huevos y guarda una tortilla para limpiar el plato.

MI PRIMER *OMELETTE*: LA PRIMERA VEZ QUE ME SENTÍ CHEF

Mi primer trabajo en Estados Unidos fue en un IHOP, una cadena de restaurantes. Comencé como lavaplatos y pasé por todos los puestos, pero la cocina fue la que realmente me adoptó. Desde el primer día, me llamó la atención la manera en que hacían los *omelettes* en una plancha gigante, donde se cocinaban al menos seis a la vez ¡en menos de diez minutos! ¿Quién se comió el primero que hice? ¡YO!

- **2 huevos**
- **¼ de taza de leche entera**
- **Sal y pimienta al gusto**
- **1 pizca de pimiento rojo**
- **2 tiras de tocino picado**
- **2 cucharadas de mantequilla**
- **1 cucharada de cebolla blanca picada en cuadritos**
- **1 cucharada de tomate picado en cuadritos**
- **¼ de taza de queso Monterey Jack rallado**
- **2 cucharadas de cebollín picado**

Tiempo: 10 minutos | **Porciones: 2**

1. En un tazón mediano, bate los huevos junto con la leche entera. Luego sazona con sal, pimienta y una pizca de pimiento rojo.
2. En un sartén mediano, cocina el tocino durante unos 2 minutos por cada lado. Aclaración importante: hazlo sin aceite ni mantequilla. Retíralo y ponlo a reposar sobre una servilleta absorbente.
3. En otro sartén mediano, a fuego medio, derrite la mantequilla. Sofríe la cebolla y el tomate hasta que la cebolla quede transparente.
4. Vierte la mezcla en ese mismo sartén e inclínalo un poco para que los huevos cubran completamente el fondo. Cuando los huevos comiencen a asentarse, usa una espátula de goma para arrastrar los bordes cocidos al centro del sartén.
5. Una vez que se establezca la parte inferior, y la parte superior aún esté un poco húmeda, espolvorea el tocino y el queso Monterey Jack.
6. Utilizando dos espátulas (y aquí va mi secreto), voltea la tortilla y cocínala por no más de un minuto. Dóblala, agrega el cebollín y ¡listo!

Cocina tu *omelette* a fuego lento-medio y con paciencia. Esa es la única forma de que el huevo te quede esponjoso y húmedo como es recomendable.

MIS FRUTAS FAVORITAS (LICUADO)

Desde muy jovencito, en mi familia me decían el come frutas. En tres días devoraba todas las que mi mamá compraba para una semana. Ahora que estoy un poquito más grande, sigo siendo amante de las frutas y aquí te comparto cómo las disfruto aún más...

- **4 mangos grandes (pulpa congelada)**
- **½ taza de jugo de naranja (100 % de concentrado)**
- **1 banana pequeña congelada**
- **½ taza de papaya congelada**
- **½ taza de coco rallado**
- **½ taza de granola**
- **½ taza de almendras rebanadas**
- **½ taza de semillas de chía**

Tiempo: 30 minutos | **Porciones: 2**

1. Agrega el mango, el jugo de naranja, la banana y la papaya a una licuadora de alta potencia. Mezcla hasta que estén suaves. Vierte el licuado en un tazón grande.
2. Cubre el tazón con una franja de coco, una de granola, una de almendras y una de semillas de chía.

Para que te quede más espeso y denso el licuado, siempre congela las frutas primero. Mientras más congeladas, ¡mejor!

PAN DE BANANA

Soy el encargado de rotar las frutas en *Despierta América* y de encontrar maneras de aprovecharlas. La banana es una de las que más rápido se daña... Cada vez que se ponen negras, hago pan de banana y lo utilizo para el desayuno. Todos mis compañeros están a dieta, sin embargo, desaparece como por arte de magia.

- **1 taza de azúcar**
- **1 taza de mantequilla a temperatura ambiente**
- **4 bananas maduras**
- **4 huevos grandes**
- **1 taza de harina para todo uso**
- **½ cucharada de bicarbonato**
- **1 cucharadita de extracto de vainilla**
- **1 cucharadita de polvo de hornear**
- **1 taza de uvas pasas**
- **1 pizca de sal**
- **½ taza de nueces picadas**
- **1 taza de leche entera**

Tiempo: 40 minutos | **Porciones: 6**

1. Engrasa un molde de torta o panqué y espolvoréalo con un poco de harina.
2. Agrega en un tazón las bananas (que estén maduras), el azúcar y la leche. Machaca con un tenedor hasta que quede un puré ligero, pero en el que se noten los trozos de banana.
3. Pasa por un colador la harina, el polvo de hornear y la levadura en polvo para evitar pequeños grumos.
4. Agrega el bicarbonato y la sal al tazón y mézclalo todo.
5. Combina la mantequilla (a temperatura ambiente) con la esencia de vainilla hasta que esté cremosa, luego incorpora los huevos uno a uno.
6. Mezcla todos los ingredientes hasta que quede una crema densa.
7. Viértela en el molde previamente engrasado y ya está lista para hornear.
8. Hornea por aproximadamente 40 minutos a 360 °F.
9. Saca el pan del horno y déjalo enfriar. Se puede terminar con azúcar glas.

Tip de Yisus:

No le tengas miedo a las bananas maduras, cuanto más negritas estén, más dulce y suave te quedará el pan.

SARTÉN DE DESAYUNO (*SKILLET*): EL AROMA A CASA

Es lo más parecido a los huevos perico que nos preparaba mi mamá en Venezuela. Ella echaba en los huevos revueltos todos los vegetalitos que encontraba en la nevera. ¡A veces usaba hasta plátano maduro! Hacerlo, en la época en que recién llegué, era una manera de recordar mi casa aunque estuviera tan lejos.

- **12 onzas de tocino**
- **5 tazas de papa roja cortada en cubitos (un dado de aproximadamente ½ pulgada o poco más de 1 centímetro)**
- **2 tazas de cebollín picado**
- **1 taza de cebolla picada**
- **1 pimiento rojo picado**
- **6 huevos grandes**
- **1 taza de queso blanco fresco**
- **Sal y pimienta al gusto**

Tiempo: 30 minutos | **Porciones: 4**

1. En un sartén de hierro de 12 pulgadas (30.5 centímetros), cocina los trozos de tocino a fuego medio-bajo hasta que estén crujientes (cocinar el tocino a una temperatura más baja hará que tenga más grasa).
2. Retira el tocino cocido del sartén y déjalo a un ladito.
3. Precalienta el horno a 400 °F.
4. Coloca las papas cortadas en cubitos en la grasa caliente del tocino. Cocina las papas sin revolver hasta que la parte inferior de los cubos se empiece a dorar (esto puede llevar varios minutos). Revuelve y cocina hasta que los cubos comiencen a ablandarse.
5. Aumenta el fuego a alto y agrega la cebolla y el pimiento al sartén. Cocina hasta que las verduras estén empezando a ablandarse.
6. Mezcla los trozos de tocino junto con los vegetales. Retíralos del calor.
7. Haz 6 huecos en la mezcla de papas y verduras, rompe un huevo en cada uno de ellos.
8. Coloca el sartén en el horno y hornea de 9 a 14 minutos o hasta que los huevos estén listos, agrega el cebollín y el queso fresco. Sirve inmediatamente.

TÍPICO DOMINICANO: LA VISA PARA UN SUEÑO

Fue un honor aprender a hacer este platillo porque era para recibir nada más y nada menos que a una de las personas que más admiro, como artista y como ser humano: Juan Luis Guerra. Claro, conté con la complicidad de la chef y dueña del restaurante Delicias Dominicanas, quien me pasó todos los secretos para hacer un delicioso mangú.

- **6 plátanos verdes**
- **4 tazas de agua**
- **¼ de barra de mantequilla (o margarina)**
- **1 cebolla blanca**
- **4 huevos**
- **½ libra de queso fresco dominicano**
- **¼ de libra de salami para freír**
- **1 taza de agua fría**
- **¼ de cebolla roja**
- **2 cucharaditas de aceite vegetal**
- **2 cucharaditas de sal**
- **Vinagre suficiente para marinar la cebolla**

Tiempo: 40 minutos | **Porciones: 6**

1. Pon las cuatro tazas de agua a hervir junto con la sal. Mientras hierve, retira la piel de los plátanos verdes y córtalos por la mitad. Luego, incorpóralos al agua hirviendo y deja que se cocinen durante 10 minutos.
2. Cuando los plátanos estén listos, tritúralos con un mortero o en un tazón lo suficientemente hondo. A medida que los trituras, agrega la mantequilla y el agua fría poco a poco. Luego, pon a calentar el aceite vegetal a fuego medio y fríe la cebolla cortada en aros cuando esté caliente.
3. Pica en cuadritos el queso blanco fresco y el salami. Agrégalos al tazón junto con el plátano.
4. Deja la cebolla roja en vinagre de 15 a 20 minutos para que se marine y después pon aceite a calentar. Echa la cebolla sin el líquido y sofríela por 3 minutos. Agrégale entonces el líquido del marinado para darle sabor y sal al gusto.
5. Sirve el mangú con todos los ingredientes incorporados. Coloca la cebolla roja encima.

Tip de Yisus:

No abuses de la sal porque los ingredientes ya tienen... ¡y bastante!

TOSTADAS FRANCESAS: MI PERDICIÓN

Las conocí cuando llegué a Estados Unidos y ¡no podía creer que tenían todo lo que me gusta!: crocantitas por fuera, con el pan agüadito y húmedo en el centro, parecen un pudín de pan. Además, me recuerdan a Miguel *Sugar* Santos, de mi primer trabajo frente a las cámaras (la película *Sugar*), quien soñaba con ser un grande del beisbol de grandes ligas y la primera palabra que aprendió en inglés al llegar de Santo Domingo fue *french toast*... Compartíamos sueños y ¡gustos!

- **1 pan de molde *brioche* sin cortar**
- **2 huevos**
- **1 taza de leche**
- **½ taza de crema de leche**
- **2 cucharadas de azúcar moreno**
- **1 cucharada de canela**
- **1 cucharada de extracto de vainilla**
- **2 cucharadas de mantequilla**
- **1 taza de leche condensada**
- **Frutas frescas**
- **Azúcar glas**

Tiempo: 30 minutos | Porciones: 4

1. Corta el pan en rebanadas de aproximadamente 2 pulgadas (5 centímetros) de grueso.
2. En un tazón, mezcla los huevos, la leche, la crema de leche, el azúcar, la canela y la vainilla.
3. Sumerge los trozos de pan en la mezcla, asegurándote de que queden bien húmedos.
4. En un sartén, a fuego medio, coloca la mantequilla y apenas se derrita, introduce los panes mojados durante unos 3 o 4 minutos por cada lado.
5. Adorna con azúcar glas, frutas de tu preferencia y la leche condensada.

Te recomiendo que utilices pan *brioche* y, si puedes, córtalo en rebanadas más gruesas de lo normal. ¡Queda mejor aún!

@CHEFYISUS

Ensaladas y sopas

Desde antojos hasta creaciones..., desde consejos hasta viajes..., desde platos para los famosos hasta recetas de mi infancia..., en este capítulo encontrarás gran parte de mi historia. ¿Me acompañas?

AJIACO CON SABOR A MÚSICA COLOMBIANA

Una de mis sopas favoritas. Es una comida que tiene de todo, que es muy completa a pesar de ser una sopa. Recuerdo que cuando Fonseca visitó *Despierta América*, le preparamos un ajiaco y ¡quedó encantado!

- **3 pechugas de pollo sin piel**
- **12 tazas de agua**
- **3 mazorcas de maíz cortadas a la mitad**
- **Sal al gusto**
- **Pimienta al gusto**
- **2 cubos de caldo de pollo**
- **3 cebolletas**
- **2 dientes de ajo**
- **3 cucharadas de cilantro**
- **2 tazas de papas criollas**
- **1 taza de alcaparras (opcional)**
- **3 papas blancas cortadas en rebanadas**
- **3 papas rojas medianas peladas y cortadas en rebanadas**
- **⅓ de taza de guascas (lo encuentras en la sección de especias)**
- **1 taza de crema espesa (*heavy cream*)**

Tiempo: 2 horas | **Porciones: 6**

1. En una olla grande, coloca el pollo, el maíz, el caldo de pollo, el cilantro, las cebolletas, el ajo, la sal y la pimienta.
2. Agrega el agua y déjala hervir. Luego, reduce el fuego a medio y cocina durante aproximadamente 35 o 40 minutos hasta que el pollo esté cocido y tierno.
3. Retira el pollo y ponlo a un lado.
4. Continúa cocinando el maíz por 30 minutos más.
5. Desecha la cebolla verde o cebolleta. Agrega las papas (las rojas y las blancas) y las guascas.
6. Cocina durante otros 30 minutos.
7. Luego, destapa y agrega la papa criolla. Cocina a fuego lento de 15 a 20 minutos. Sazona con sal y pimienta.
8. Corta el pollo en trozos pequeños y regrésalo a la olla.
9. Sirve el ajiaco caliente con crema espesa y alcaparras a un lado.

Como habrás visto más arriba, las alcaparras te las puse como opcionales. Si te gusta una sopa un poco más fuertecita, escoge ponerlas.

CHUPE DE CAMARONES: DE GUSTOS COMPARTIDOS

Si no lo hemos logrado antes en la televisión, en esta parte del libro, ya hemos cocinado tantos platillos juntos que podemos sentirnos amigos. Y a los amigos se les hacen las mejores confesiones, como esta que compartiré contigo a continuación: mi restaurante Ikura no solo pretendía satisfacer al cliente, sino que era una excusa ¡para hacer mis platillos preferidos! Aquí les dejo uno.

Para el sofrito

- **1 cebolla amarilla picada fina**
- **1 pimiento rojo picado**
- **1 pimiento amarillo picado**
- **½ cucharadita de chile habanero, sin semillas y picado**
- **1 ají amarillo, sin semillas y picado**
- **3 dientes de ajo picados**
- **2 tomates rojos de bistec picados**
- **Azafrán**
- **1 taza de cilantro picado**
- **1 copa de vino blanco seco**
- **½ taza de crema espesa (*heavy cream*)**

Para el chupe

- **1 galón de consomé de mariscos**
- **1 filete de lubina (4 onzas)**
- **2 camarones grandes, limpios y desvenados**
- **2 almejas de cuello pequeño**
- **2 mejillones**
- **1 cucharada de arroz amarillo cocido**
- **1 cucharada de maíz cocido peruano**
- **1 cucharada de guisantes cocidos**
- **3 cucharadas de aceite de oliva**
- **1 lima**
- **Sal y pimienta al gusto**

Tiempo: 2 horas | **Porciones: 6**

1. En una cacerola grande, a fuego alto, coloca dos cucharadas de aceite de oliva. Agrega la cebolla, los pimientos, los chiles y el ajo. Cocínalos durante 2 o 3 minutos, revolviendo con frecuencia.
2. Añade los tomates y el azafrán. Cocina por otros 4 o 5 minutitos.
3. Agrega el cilantro, el vino blanco y la crema espesa.
4. Vierte el contenido del sartén en una licuadora para hacerlo puré.
5. Calienta el consomé de mariscos hasta que esté casi hirviendo y

(presta atención aquí) agrega el sofrito hecho puré.

6. Cuélalo en un tamiz y déjalo a un lado hasta que llegue el momento de cocinar los mariscos.
7. Toma una cacerola pequeña, ponla a fuego lento y coloca las almejas, los mejillones y 8 onzas de caldo chupe. Al mismo tiempo, calienta un sartén grande para saltear a fuego medio. Agrega una cucharada de aceite de oliva.
8. Cocina durante unos 30 a 45 segundos. Luego añade los camarones y el filete de pescado y cocina por otro minuto.
9. Importante: cuando el mejillón y la almeja se abran en el caldo, retíralos y colócalos en el tazón donde vas a servir el chupe.
10. Agrega el caldo chupe a los mariscos. Mientras se cocinan, sazona con sal y pimienta y exprime el jugo de lima en el sartén.
11. Incorpora el arroz, el maíz y los guisantes.
12. Vierte la mezcla de arroz, vegetales y chupe sobre los mariscos. Decora con cilantro y sirve.

ENSALADA ASIÁTICA: MI SELLO PERSONAL

Tener mi propio restaurante me permitió experimentar, crear acorde a mis gustos y los de los clientes, y uno de los favoritos de la gente (el mío también) era esta ensalada que me parece perfecta para el clima de Miami.

Para la ensalada

- **1 taza de col verde**
- **1 taza de col morada**
- **1 taza de lechuga romana**
- **½ taza de zanahoria rallada**
- **½ taza de *chips* de *wonton***
- **½ taza de almendras rebanadas**
- **2 cucharadas de arándanos secos**
- **1 cucharada de semillas de sésamo**

Para el aderezo

- **2 cucharadas de aceite de sésamo**
- **1 cucharada de salsa de soya**
- **2 cucharadas de azúcar**
- **2 cucharadas de vinagre destilado**
- **½ cucharada de sal**
- **½ taza de concentrado de jugo de piña**

Tiempo: 2 horas | **Porciones: 6**

1. En una licuadora, mezcla todos los ingredientes que componen el aderezo por 3 minutos.
2. En un tazón, mezcla el resto de los ingredientes.
3. Agrega el aderezo justo antes de consumir.

ENSALADA DE QUESO AZUL Y NUEZ DULCE: LA RUTA FRANCESA

En el 2009 visité por primera vez Europa. Fui con tres amigos a ver unos partidos de fútbol a España y recorrimos también París. En mi caso, lo hice con mucha ilusión gastronómica de conocer sus comidas. De los platos que probé, uno muy sencillo que me gustaría compartirte es este.

Para la ensalada

- **4 tazas de lechuga (mezcla de primavera)**
- **1 taza de migas de queso azul**
- **½ taza de dátiles picados en trocitos**
- **2 cucharadas de pasas**
- **½ taza de nueces caramelizadas**

Para el aderezo

- **1 taza de mayonesa**
- **½ taza de queso azul**
- **½ taza de crema (*half and half*)**
- **2 cucharadas de crema agria**
- **1 cucharada de jugo de limón recién exprimido**
- **¼ de cucharadita de salsa Worcestershire**
- **½ cucharadita de sal *kosher***
- **Pimienta negra recién molida**

Tiempo: 30 minutos | **Porciones: 4**

1. En una licuadora, mezcla todos los ingredientes que componen el aderezo por 3 minutos.
2. En un tazón, mezcla el resto de los ingredientes.
3. Agrega el aderezo justo antes de consumir.

El queso azul es lo último que le debes echar a la ensalada para evitar que se haga una pasta.

ENSALADA DE REMOLACHA: LA DEBILIDAD DE MI HERMANA

Esta es una ensalada que mi mamá preparaba para mi hermana muy a menudo. Con el tiempo, le fui agregando cositas, experimentando con otros sabores y así quedó.

Para la ensalada

- **1 taza de *edamame* congelado**
- **⅓ de taza de almendras rebanadas**
- **2 remolachas crudas medianas, peladas y picadas en cubitos**
- **1 zanahoria mediana picada en cubitos**
- **2 tazas de espinaca picada**
- **1 aguacate picado en cubos**
- **¼ de taza de arúgula picada**

Para la vinagreta

- **3 cucharadas de vinagre de manzana**
- **2 cucharadas de jugo de lima**
- **2 cucharadas de aceite de oliva**
- **1 cucharada de menta fresca picada o cilantro**
- **2 cucharadas de miel**
- **¼ de cucharadita de sal**
- **Pimienta negra recién molida, al gusto**

Tiempo: 30 minutos | **Porciones: 4**

1. Pon a hervir una olla de agua, luego agrega el *edamame* congelado y cocínalo hasta que los frijoles estén calientes, aproximadamente 5 minutos. Escurre y reserva.
2. Para preparar las remolachas y/o zanahorias, siéntete libre de cortarlas tan finamente como sea posible con un cuchillo afilado. También puedes usar un rallador de caja.
3. Bate todos los ingredientes de la vinagreta hasta que estén emulsionados.
4. En un tazón grande, combina las almendras, el *edamame* cocido, la remolacha y zanahoria ya preparadas, la espinaca, la arúgula picada y el aguacate en cubos.
5. Finalmente, rocías el aderezo sobre la mezcla y revuelves suavemente para combinar. Sazonas al gusto con sal y pimienta negra, y ya está ¡listo para comer!

El aguacate debes dejarlo para el final y servirlo en las porciones que de verdad van a pedir los comensales, pues tiende a ponerse de color negro.

ENSALADA DE SANDÍA Y AGUACATE: MI FAVORITA

Mi obsesión por la fruta inspiró esta combinación, que es la que más me gusta: son mis dos frutas favoritas en una sola ensalada.

- **½ cebolla roja picada en rodajas finas**
- **2 tazas de sandía picada en cubos**
- **1 pepino cortado en cuadros**
- **½ taza de queso feta**
- **1 aguacate picado en cubos**
- **2 cucharadas de aceite de oliva**
- **1 cucharada de jugo de limón**
- **1 cucharada de menta picada**
- **1 pizca de sal**
- **1 pizca de pimienta de Cayena**

Tiempo: 25 minutos | **Porciones: 4**

1. En un tazón grande, mezcla el aceite de oliva, el jugo de limón, la menta, la sal y la pimienta de Cayena.
2. Mezcla la cebolla roja, la sandía, el queso feta y el pepino.
3. Agrega el aderezo, mezcla bien y, por último, agrega el aguacate justo antes de consumir.

SILVER PLATED
SHEFFIELD ENGLAND

LA MÁS VERDE: LOS ANTOJOS CREATIVOS

Durante el primer embarazo de mi esposa, le dio por comer ensaladas y me tocó ser bien creativo para no caer siempre en las mismas. Yo buscaba que estuvieran todas las vitaminas presentes, así que esta fue una de sus favoritas.

Para la ensalada

- **5 tazas de arúgula**
- **1 manzana grande verde**
- **⅓ de taza de arándanos secos**
- **¼ de taza de semillas de calabaza verde**
- **1 taza de queso de cabra desmenuzado**

Para la vinagreta de sidra de manzana

- **¼ de taza de aceite de oliva**
- **1½ cucharadas de vinagre de manzana**
- **1½ cucharaditas de miel**
- **1 cucharadita de mostaza de Dijon**
- **Sal y pimienta negra recién molida, al gusto**

Tiempo: 25 minutos | **Porciones: 4**

1. En una licuadora, mezcla todos los ingredientes que componen el aderezo por 3 minutos.
2. En un tazón, mezcla el resto de los ingredientes.
3. Agrega el aderezo justo antes de consumir.

Si no te gusta el queso de cabra o lo quieres hacer un poco más dietético, puedes sustituirlo por queso feta.

SOPA DE CEBOLLA: NO ERA TAN MALA

Nunca fui muy amante de la cebolla, siempre le huía... Hasta que un día me dieron a probar sopa de cebolla... ¡Jamás imaginé que me volvería amante de ella!

- **¼ de taza de mantequilla sin sal**
- **3 libras de cebolla dulce (unas 5 cebollas medianas) en rodajas**
- **2 dientes de ajo picados**
- **⅓ de taza de vino blanco seco**
- **6 tazas de caldo de res**
- **4 ramitas de tomillo fresco**
- **2 hojas de laurel**
- **2 cucharaditas de vinagre de vino blanco**
- **Sal y pimienta negra recién molida, al gusto**
- **12 rebanadas de *baguette* (¾ de pulgada de grosor o unos 2 centímetros)**
- **1 taza de queso suizo rallado**
- **1 taza de queso gruyer rallado**

Tiempo: 1 hora | **Porciones: 6**

1. Derrite la mantequilla en una olla grande a fuego medio. Incorpora las cebollas y cocina, revolviendo con frecuencia, hasta que estén caramelizadas.
2. Agrega el ajo y cocina hasta que el aroma te conquiste.
3. Le sigue el vino. Raspa los trozos dorados del fondo de la olla.
4. Vuelca el caldo de carne, el tomillo y el laurel en la preparación.
5. Una vez que hierva, lleva a fuego lento y cocina, revolviendo ocasionalmente, hasta que se reduzca ligeramente.
6. Retira la olla y desecha el tomillo y el laurel.
7. Agrega el vinagre de vino blanco y sazona con sal y pimienta al gusto.
8. Para la segunda parte: precalienta el horno a 380 °F y coloca las rebanadas de *baguette* en una bandeja para hornear. Hornéalas 1 o 2 minutos por cada lado hasta que se doren.
9. Divide la sopa en moldes o tazones a prueba de horno. Colócalos en una bandeja para hornear y cubre la sopa con rodajas de *baguette*. Espolvorea los quesos.
10. Para el toque final en el horno, la dejas hasta que los quesos se derritan y gratinen. Después de esto, la sopa está lista para comérsela ¡inmediatamente!

SOPA DE LENTEJAS: DE LA TRADICIÓN A LA PERFECCIÓN

Mi mamá solía hacernos sopa de lentejas, pero solo recientemente, en Estados Unidos, descubrí lo rica que era visitando a uno de mis clientes italianos... Inolvidable esta sopa *gourmet*. En honor a aquellos días, te comparto la receta con toque italiano.

- **1 libra de lentejas**
- **½ cebolla blanca picada**
- **2 a 3 tallos de apio, picados**
- **1 tomate picado**
- **½ cucharada de aceite de oliva**
- **1 cubo de caldo de verduras**
- **2 hojas de laurel**
- **Sal al gusto**

Tiempo: 1 hora | **Porciones: 6**

1. Primero, enjuaga las lentejas. A veces, rocas pequeñas u otros elementos raros terminan en las bolsas, ¡así que asegúrate de que solo estés comiendo lentejas!
2. En una olla antiadherente grande, mete la cebolla, el apio, el tomate, el aceite de oliva y las lentejas limpias.
3. Agrega las hojas de laurel, la sal y el cubo de caldo. Recuerda que debes añadir suficiente agua para cubrir todo en la olla más un par de pulgadas en la parte superior.
4. Cocina a fuego medio-bajo durante 60 a 70 minutos hasta que las lentejas estén suaves y sabrosas.

@CHEFTISUS

Capítulo

3

Recetas Fáciles

Mis primeros pasos en la cocina fueron por necesidad. Sí, había llegado con mi hermano mayor a Estados Unidos, más específicamente a Miami, y, en ausencia de nuestra madre, teníamos que hacernos nuestra propia comida. Trataba de recordar y copiar lo que hacía mi mamá... Cuando teníamos hambre, imitaba (o creía que lo hacía) algunos de sus platillos. Al entrar al mundo culinario, me di cuenta de que lo que hacía era muy básico, ¡y muy fácil! Aquí te los comparto ya mejorados.

AREPAS DE DIABLITO: UN DIABLILLO NADA MALO

Esta mezcla es típica en mi país, Venezuela, como relleno de arepas y sandwichitos que sirven de pasaboca en las celebraciones familiares. A mí me salvó cuando no había mucha variedad en el menú... Necesita pocos y accesibles ingredientes y queda muy rico.

Para el relleno de diablito

- **1 lata de jamón del diablo para untar**
- **½ taza de mayonesa**
- **½ taza de queso blanco fresco rallado**

Para las arepas fritas

- **1 taza de harina de maíz**
- **1 taza de agua**
- **1 cucharada de sal**
- **Aceite para freír**

Tiempo: 30 minutos | **Porciones: 6**

Para preparar el relleno de diablito

1. Es bien sencillo. Pon en un tazón el jamón del diablo, agrégale la mayonesa y el queso blanco rallado, y revuelve bien hasta que se forme una pastica perfecta para untar.

Para preparar las arepas fritas

1. Agrega la harina de maíz en un tazón.
2. En otro tazón, añade el agua y la sal y revuelve hasta que la sal se disuelva.
3. Agrega la mezcla lentamente al agua y comienza a amasar con las manos.
4. Una vez que la masa esté lista, déjala reposar durante un minuto mientras te preparas para el siguiente paso. La masa estará lista cuando tenga una textura similar a la de la plastilina, pero que esté firme y no se agriete.
5. Haz tus arepas del diámetro que desees y abre un hoyo en el centro antes de freírlas, esto les dará un toque extracrocante.
6. Fríelas en un sartén medianamente hondo hasta que tomen un color marrón/dorado por ambos lados. Asegúrate de colocar suficiente aceite de manera que cubra las arepas por completo.
7. Colócalas sobre toallas de papel para eliminar el exceso de aceite.
8. Sírvelas calientes con el relleno de diablito.

DIP DE ALCACHOFA: UN PLATO DE LUNA DE MIEL

El *dip* de alcachofa era uno de los platillos que más le preparaba a mi esposa cuando éramos novios. Es una de esas recetas que sirven para dos, para compartir en la intimidad mientras tienes una charla informal. ¡Te lo recomiendo!

- **1 lata de corazones de alcachofa**
- **½ barrita de mantequilla**
- **4 onzas de queso crema**
- **1 taza de crema de mesa**
- **2 tazas de leche regular**
- **1 taza de queso *mozzarella***
- **1 taza de queso parmesano rallado**
- **1 diente de ajo picadito**
- **1 cucharadita de paprika**

Tiempo: 30 minutos | **Porciones: 4**

1. En una olla mediana, a fuego medio, pon a hervir la leche. Agrega la mantequilla, el queso crema, el ajo finamente picado, la crema de mesa y la paprika. Déjalo cocer por 3 minutos, moviéndolo constantemente.
2. Agrega el queso parmesano y el *mozzarella* junto con 3 corazones de alcachofa.
3. Revuelve muy bien. Vierte la mezcla en un molde refractario para hornear, acomoda el resto de las alcachofas por encima de la mezcla y hornea hasta que se dore: de 15 a 20 minutos.

EMPANADAS DE LENTEJAS Y QUESO FRESCO

Mi mamá me prepara estas empanadas que me encantan: a ella siempre le quedan buenas. Aquí combina su especialidad con uno de mis granos favoritos: las lentejas.

Para las lentejas

- **1 libra de lentejas**
- **½ cebolla blanca picada**
- **2 a 3 tallos de apio picados**
- **1 tomate picado**
- **½ cucharada de aceite de oliva**
- **1 cubo de caldo de verduras**
- **2 hojas de laurel**
- **Sal al gusto**

Para las empanadas

- **1 taza de harina de maíz precocida (harina de arepa de masa)**
- **1 cucharadita de sal**
- **1 taza de agua**
- **1 taza de queso blanco rallado (queso paisa)**
- **1 cucharada de aceite vegetal**

Tiempo: 50 minutos | **Porciones: 10**

Para preparar las lentejas

1. Primero, enjuaga las lentejas. Échalas en una olla antiadherente grande junto a la cebolla, el apio, el tomate y el aceite de oliva.
2. Agrega el laurel, la sal y el cubo de caldo. Añade suficiente agua para cubrir todos los ingredientes y un par de pulgadas más.
3. Cocina a fuego medio-bajo hasta que las lentejas estén suaves.
4. Usa un colador para pastas para eliminar el caldo. Tienen que quedar secas para el relleno.

Para preparar las empanadas

1. Agrega la harina de maíz en un tazón. En otro, añade el agua y la sal y revuelve hasta que la sal se disuelva.
2. Agrega la harina lentamente al agua y amasa. Una vez que la masa tenga una textura similar a la de la plastilina (es importante que esté firme y no se agriete), déjala reposar por un minuto.
3. Estira la masa y córtala en círculos. En el centro de cada uno, agrega la mezcla de las lentejas y el queso rallado.
4. Ciérralos en forma de media luna y fríelos en aceite muy caliente.

ENSALADA CALIENTE DE CAMARONES: EL DIA QUE ME CONVERTÍ EN ESPÍA

Trabajando en Gordon Food Service, una distribuidora, conocí muchos restaurantes que terminaron formándome profesionalmente. Había uno especial de frutos de mar: cada vez que lo visitaba, me perdía entre sus delicias. Ahí aprendí esta receta que les comparto a continuación.

- **2 cucharadas de mantequilla sin sal**
- **1 cebolla picada**
- **1 cucharada de ajo picado**
- **3 cucharadas de *curry* en polvo**
- **2 tazas de leche de coco**
- **1 taza de agua**
- **1 libra de camarón pelado y sin venas**
- **1 taza de piña picada en cuadros**
- **3 cucharadas de cebollín**
- **3 cucharadas de cilantro**
- **Sal y pimienta al gusto**

Tiempo: 25 minutos | **Porciones: 4**

1. En un sartén mediano, a fuego alto, sella los camarones por ambos lados: no más de 2 minutos por cada lado.
2. En un sartén grande, a fuego medio, derrite la mantequilla y agrega la cebolla y el ajo. Cocínalos por aproximadamente 4 minutos.
3. Luego, agrega el *curry*, sal, pimienta, la leche de coco y el agua. Hierve a fuego lento hasta que espese: aproximadamente 15 minutos.
4. Agrega los camarones y la piña.
5. Decora el plato con cebollín y cilantro.

ESPAGUETI CON SALSA DE CILANTRO: EL AROMA LATINO

El cilantro es una de mis hierbas favoritas por su aroma, color y textura. Me recuerda las ocasiones en que visito las huertas, los sembradíos, y veo trabajar a tantos latinos de sol a sol. Por eso, un poquitico a modo de homenaje, decidí compartirte esta salsa que es una de mis favoritas.

- **2 cucharaditas de sal**
- **1 paquete de espagueti de tu marca preferida**
- **1 taza de leche evaporada**
- **1 cucharadita de caldo de pollo en polvo**
- **1 manojo de cilantro con tallos incluidos**
- **1 taza de crema**
- **2 chiles poblanos limpios, sin semillas ni venas**
- **1 diente de ajo picado finamente**
- **Sal y pimienta al gusto**
- **2 cucharaditas de mantequilla**
- **1 libra de camarones limpios y pelados, sin cola**
- **Queso parmesano al gusto**

Tiempo: 30 minutos | **Porciones: 4**

1. En una olla con agua hirviendo, agrega 2 cucharaditas de sal y cocina la pasta según las instrucciones del paquete. Mientras, prepara la salsa.
2. Licúa la leche evaporada, el caldo de pollo, el cilantro, el chile poblano, la crema y el ajo. Añádele sal y pimienta a la mezcla.
3. Funde la mantequilla en un sartén. Cocina los camarones durante 2 minutos por cada lado y agrega la salsa licuada. Cocina por 5 minutos más a fuego bajo y, cuando esté a punto de hervor, agrega la pasta. Sirve con queso parmesano.

LASAÑA DE YUCA: MI PASTICHO AL ESTILO CARIBEÑO

El pasticho de Venezuela es como una lasaña, pero con jamón y queso. Cada vez que extrañaba una comida de mi casa, pensaba en el famoso pasticho de mi mamá. Aquí aprendí a hacer una versión nueva con yuca.

Para la lasaña

- **4 yucas**
- **½ taza de mantequilla**
- **2 cucharadas de perejil**
- **2 dientes de ajo picados**
- **3 tazas de queso *mozzarella***
- **3 huevos batidos**
- **4 cucharadas de queso parmesano**

Para la carne molida

- **¼ de taza de cebolla picada**
- **2 cucharadas de pimiento rojo picado**
- **15 onzas de carne de res molida**
- **½ taza de tomate picado**
- **½ taza de salsa de tomate**
- **Sal y pimienta al gusto**

Tiempo: 35 minutos | **Porciones: 4**

1. Pica las yucas en rodajas grandes cuadradas y fríelas.
2. En una taza, mezcla la mantequilla derretida y el perejil y el ajo previamente picados.
3. En un sartén, mezcla la cebolla picada con el pimiento rojo y la carne molida. Agrega sal, pimienta, el tomate picado y la salsa de tomate.
4. Cuando la carne esté lista, coloca, en un molde para hornear, una capa de yuca frita, una capa de queso *mozzarella*, aceite de perejil y ajo y una capa de carne.
5. Vas a repetir cada capa hasta llenar el molde, pero primero agrega los 3 huevos batidos en el medio.
6. Sigue armando las capas y termina con el queso parmesano.
7. Hornea a 360 °F por 20 minutos.

PASTA DE ENSALADA *CAPRESE* CON AGUACATE: MI TOQUE LATINO

De la mezcla de los sabores que se me quedaron impregnados trabajando para los italianos y mis raíces latinas, surgieron combinaciones que me acompañan hasta el sol de hoy.

- **1 libra de pasta *penne***
- **⅓ de taza de aceite de oliva**
- **3 aguacates pequeños**
- **1 cucharada de jugo de limón**
- **16 bolitas de *mozzarella bocconcini* (las pequeñas)**
- **12 tomates *cherry***
- **Ramas de albahaca picadas**
- **Sal y pimienta al gusto**

Tiempo: 25 minutos | **Porciones: 4**

1. Cocina la pasta al dente, agrégale aceite de oliva y separa.
2. En un tazón grande, mezcla los aguacates, el jugo de limón, el queso *mozzarella* y los tomates.
3. Luego incorpora la pasta al tazón.
4. Decora con albahaca.

Si quieres darle más textura a este plato, puedes añadirle las nueces de tu preferencia.

PIZZA DE AGUACATE Y TOCINETA: MI EXPERIMENTO TROPICAL

Sé que la combinación parece algo extraña, pero, como amante de la *pizza*, me gusta probar y experimentar con ingredientes variados, y así fue como llegué a ella: ¡te la recomiendo!

- **1 paquete de masa para *pizza* precocida**
- **1 cucharada de aceite de oliva**
- **½ tomate picado en rodajas**
- **1 aguacate Hass**
- **4 tiras de tocino**
- **¼ de cebolla morada cortada en tiras**
- **½ taza de granos de maíz**
- **1 pizca de sal**
- **1 pizca de pimienta**
- **1 cucharada de cilantro picado**
- **1 taza de queso *mozzarella* rallado**
- **1 cucharadita de chile seco**

Tiempo: 40 minutos | **Porciones: 8**

1. Precalienta el horno a 400 °F. Prepara la masa para *pizza* precocida en una bandeja de hornear y, con un pincel para alimentos, esparce aceite de oliva sobre ella.
2. En un sartén, a fuego medio, sofríe las tiras de tocino, previamente picadas en trocitos, por aproximadamente 7 minutos.
3. Retíralas y deja que reposen en un plato sobre papel absorbente.
4. Parte el aguacate por la mitad, saca la semilla, quítale la cáscara y córtalo en tiras finas y alargadas. Pica el tomate en rodajas y la cebolla en tiras finas y alargadas.
5. Coloca sobre la masa las rodajas de tomate. Luego añade el aguacate, el maíz, el tocino cocido y, por último, las tiras de cebolla.
6. Agrega sal, pimienta y cilantro picado. Cubre con queso *mozzarella* rallado. Ponla en el horno de 20 a 30 minutos.
7. Retira la *pizza* del horno, agrega más cilantro y el chile seco.

RISOTTO: EL SABOR DE LA GRATITUD

En el mismo trabajo de distribución de productos italianos, acostumbraban a reunir a empleados y jefes todos los viernes para cocinar juntos. El plato más popular en esos almuerzos era el *risotto* con su respectivo queso parmesano. Le tomé tanto cariño a ese trabajo y a ese recuerdo que quiero compartirte mi propio *risotto*.

- **8 tazas de caldo de pollo**
- **½ taza de cebolla finamente picada**
- **¼ de taza de aceite de oliva**
- **3 tazas de arroz arborio**
- **2 dientes de ajo picados**
- **1 taza de vino blanco seco o agua**
- **½ taza de queso parmesano rallado**
- **¼ de cucharadita de sal**
- **¼ de cucharadita de pimienta**
- **3 cucharadas de perejil fresco picado**

Tiempo: 15 minutos | **Porciones: 4**

1. En un sartén hondo grande, calienta el caldo de pollo y mantenlo caliente.
2. En otro sartén, saltea la cebolla en aceite hasta que esté tierna.
3. Agrega el arroz y el ajo. Cocina y revuelve durante 2 o 3 minutos. Luego, reduce el calor. Agrega el vino, sigue cocinando y revuelve hasta que todo el líquido sea absorbido.
4. Agrega el caldo caliente, ½ taza a la vez, revolviendo constantemente y permitiendo que el líquido sea absorbido entre las adiciones.
5. Cocina hasta que el *risotto* tenga una consistencia cremosa y el arroz esté casi tierno, aproximadamente 20 minutos. Agrega el resto de los ingredientes. Cocina y revuelve hasta que se caliente. Sírvelo inmediatamente.

Es muy importante que el arroz esté hidratado. ¡No lo dejes secar! Y nunca pares de revolverlo.

ROLLOS ASIÁTICOS DE CAMARÓN CON ADEREZO CÍTRICO DE JENGIBRE

Por el nombre, te parecerá una receta muy complicada, pero no lo es. Todos los ingredientes segurito los tienes en tu casa y la cocción que necesitan es mínima. Este es uno de mis primeros rollos, desde que consideré tener mi propio restaurante.

Para los rollos

- **1 libra de camarones de tamaño mediano (16-20), pelados y sin cola**
- **5 hojas de papel de soya para *sushi***
- **1 pepino**
- **2 zanahorias**
- **½ cebolla roja**
- **15 onzas de lechuga mesclún**
- **2 aguacates Hass**
- **2 huevos**
- **1 taza de pan molido para empanizar**

Para el aderezo

- **½ taza de jugo de limón**
- **½ taza de jugo de naranja**
- **2 cucharadas de salsa de soya**
- **1 cucharada de jengibre rallado**
- **1 pizca de sal**

Tiempo: 45 minutos | **Porciones: 4**

1. Pela la zanahoria, la cebolla y el pepino y córtalos en juliana (tiras delgadas y alargadas).
2. Pela el aguacate y pícalo a lo largo en lascas.
3. Bate los huevos y coloca el pan molido en un plato abierto.
4. Empaniza los camarones individualmente y fríelos.
5. Sobre un papel de soya para *sushi*, coloca una cama de lechuga mesclún.
6. Encima de la lechuga, coloca pepino, zanahoria, cebolla y aguacate en pequeñas cantidades, para que puedas enrollar al final.
7. Coloca los camarones alineados encima de los vegetales.
8. Enrolla todos los ingredientes dentro de la hoja, lo más apretado posible para cuando vayas a cortar (estilo *wrap* o burrito).
9. Corta el rollo del tamaño que prefieras.
10. Mezcla todos los ingredientes del aderezo en un contenedor para acompañar tus rollos.

SALMÓN AL AJILLO: SÁLVAME PESCADITO

Debo confesarte que cuando no hago ejercicio o me descuido mucho con la alimentación, me comienzo a estresar. Descubrí que uno de los mejores aliados, para mí y para ti, es el salmón por sus vitaminas, proteínas y grasa buena. Lo importante, además de ingerirlo, es ¡disfrutarlo con sabores diferentes!

- **4 piezas de salmón**
- **2 o 3 cucharaditas de aceite de oliva**
- **1 diente de ajo picado**
- **2 cucharaditas de tomillo fresco picado**
- **Sal y pimienta al gusto**
- **4 chiles guajillos desvenados**
- **2 dientes de ajo**
- **¼ de cebolla blanca**
- **2 cucharaditas de condimento para todo uso**

Tiempo: 30 minutos | **Porciones: 4**

1. En una olla pequeña, pon a hervir los chiles con suficiente agua, agrega los dientes de ajo y la cebolla, y deja cocer todo por 5 minutos.
2. Cuando los chiles estén cocidos, ponlos en la licuadora junto con los ajos, la cebolla y un poco del agua donde los cociste. Licúa a velocidad alta. Reserva.

Para preparar los filetes de salmón

1. Vas a marinar los filetes de salmón con el adobo guajillo que acabas de preparar.
2. Si deseas, puedes dejarlos reposar por 20 minutos, de lo contrario, puedes freírlos inmediatamente, sellándolos primero por ambos lados.
3. Acomoda los filetes de salmón, previamente sellados y dorados, en un molde refractario rectangular. Rocíales el tomillo y el ajo picados, y mételos al horno, a 350 °F, por 20 minutos para que terminen de cocinarse por dentro.
4. Pasado ese tiempo, sácalos y cúbrelos con papel de aluminio para que conserven el sabor.

SALSA RAGÚ: MI DEBUT CULINARIO COMO INMIGRANTE

La pasta con salsa ragú fue lo que más comí en la época en que vivía solo con mi hermano. No solo gastábamos poco, sino que también evitábamos los sitios de comida rápida. Claro, la compraba hecha y solo se la tiraba por encima a la pasta. Con el tiempo, aprendí a cocinarla y aquí te comparto mi receta casera.

- **2 cucharadas de aceite de oliva extra virgen**
- **2 cebollas medianas, finamente picadas**
- **2 tallos de apio, finamente picados**
- **2 zanahorias peladas y finamente picadas**
- **1 libra de carne de res molida**
- **½ taza de vino tinto seco**
- **4 tazas de caldo de carne**
- **3 cucharadas de pasta de tomate**
- **Sal y pimienta negra recién molida al gusto**

Tiempo: 45 minutos | **Porciones: 6**

1. Calienta el aceite en una olla grande a fuego medio-alto, luego agrega la cebolla, el apio y las zanahorias y saltéalos hasta que estén suaves, más o menos unos 8 o 10 minutos.
2. Añade la carne molida. Saltea, removiendo con una cuchara de madera, hasta que se dore: calcula unos 15 minutos.
3. Agrega el vino y deja hervir 1 minutito más.
4. Añade 2½ tazas de caldo y la pasta de tomate.
5. Revuelve para mezclar todo. Reduce el fuego y cocina a fuego lento, removiendo ocasionalmente, hasta que los sabores se fundan, durante una hora y media.
6. Sazona con sal y pimienta.

Esta salsa te puede durar una semana entera mientras la mantengas refrigerada. Prepárala en cantidad y tendrás suficiente para repetir durante la semana laboral.

SÁNDWICH ITALIANO: EL DESCUBRIMIENTO DE UN MUNDO NUEVO

Como ya he comentado, uno de mis tantos empleos cuando llegué a Miami fue en una compañía distribuidora de alimentos italianos. Allí aprendí sobre muchas carnes frías deliciosas que no conocía, entre tantos otros productos, y también, cómo combinarlas en un rico sándwich.

- **½ cebolla grande picada en rodajas finas**
- **1 pan italiano suave de 12 pulgadas (30 centímetros)**
- **5 cucharadas de vinagre de vino tinto**
- **5 cucharadas de aceite de oliva extra virgen**
- **Sal y pimienta recién molida al gusto**
- **¼ de libra de queso *provolone* en lonchas**
- **¼ de libra de salami de Génova en rodajas**
- **¼ de libra de jamón cocido en lonchas**
- **¼ de libra de mortadela en lonchas**
- **¼ a ½ taza de *peperoncino* en escabeche en rodajas (opcional)**
- **3 tomates ciruela picados en rodajas finas**
- **1 cucharadita de orégano seco**

Tiempo: 15 minutos | **Porciones: 4**

1. Divide el pan a lo largo, luego saca un poco del relleno (la miga) del pan.
2. Rocía dos cucharadas de vinagre y aceite de oliva en la mitad inferior. Condimenta con sal y pimienta.
3. Coloca el queso y la carne en la mitad inferior del pan.
4. Cubre la carne con la cebolla, el *peperoncino* y los tomates.
5. Rocía con dos cucharadas de vinagre y aceite de oliva y espolvorea con el orégano. Sazona generosamente con sal y pimienta.
6. Córtalo en 4 piezas.

TILAPIA CON SALSA DE UVAS: MI DEBILIDAD POR LAS FRUTAS

¿Recuerdan que les conté, en el capítulo "Desayunos", que en mi casa me decían el come frutas? Creo que mi debilidad por ellas tiene que ver con mi pasión por los dulces y, en este caso, me permiten darme un gusto, pero con un plato más sanito. Por esa misma razón, aprendí a combinar lo salado con lo dulce. Es que les cuento ¡y se me hace la boca agua!

- **4 filetes de tilapia**
- **2 cucharadas de aceite de oliva**
- **1 cucharada de paprika**
- **½ cucharada de comino**
- **1 taza de tomates uva picados**
- **1 taza de uvas verdes sin semillas**
- **1 taza de uvas rojas sin semillas**
- **½ taza de cebolla morada picada**
- **½ taza de pimientos rojos picados**
- **2 dientes de ajo picados**
- **2 cucharadas de jalapeños picados**
- **2 cucharadas de menta picada**
- **3 cucharadas de jugo de limón**
- **Sal y pimienta**

Tiempo: 30 minutos | Porciones: 4

1. Sazona los filetes de tilapia con la sal, la pimienta, la paprika y el comino.
2. Combina en una taza los tomates, las uvas verdes y rojas, la cebolla morada, el pimiento rojo, los jalapeños picados, la menta picada y el jugo de limón.
3. En un sartén, cocina las tilapias con aceite de oliva.
4. Sirve el pescado y coloca la salsa de uvas por encima.

WRAP DE ATÚN CON PICO DE GALLO: MI COMPAÑERO DE *HIGH SCHOOL*

Acostumbrado a que mi mamá estuviera pendiente de mí, viví un cambio drástico una vez que estuve en un país distinto y tuve que inventar para no comer todos los días lo mismo. Esto es lo que me preparaba para ir a la escuela.

- **3 tazas de atún en agua (enlatado)**
- **8 tortillas de harina**
- **1 taza de yogur**
- **4 cucharadas de jugo de limón**
- **¼ de taza de cebollín picado**
- **4 cucharadas de mantequilla**
- **3 tomates picados en cuadritos**
- **1 mango picado en cuadritos**
- **1 cebolla morada picada en cuadritos**
- **4 cucharadas de cilantro**
- **Aceite de oliva**
- **Sal y pimienta al gusto**

Tiempo: 30 minutos | **Porciones: 4**

1. Mezcla en un tazón el tomate picado con el mango, la cebolla y el cilantro. Añade sal y pimienta.
2. En otro tazón, mezcla el yogur, el jugo de limón y el cebollín.
3. Mezcla el atún con la salsa de yogur, luego rellena las tortillas y agrega el pico de gallo.

Capítulo

4

Platos Fuertes

Esta sección es una de mis favoritas porque cada una de estas recetas está relacionada con una historia diferente de mi vida que te quiero compartir... Lleva un poquito más de tiempo y cariño elaborarlas. ¿Te animas a cocinar con amor para ti y tus seres queridos?

ARROZ MIXTO CON PIÑA: UN ALMUERZO PARA LAS PERSONAS DULCERAS

Era uno de los especiales de almuerzo de mi restaurante. Recuerdo que los clientes se quedaban maravillados porque el arroz iba dentro de media piña. ¡Qué rico! ¿Ya te dije que amo lo dulce y las frutas? ¡Ja, ja, ja!

- **1 piña grande**
- **2 cucharadas de aceite de oliva**
- **2 cucharadas de aceite de coco**
- **1 diente de ajo**
- **1 taza de camarones**
- **½ libra de corvina**
- **1½ tazas de arroz cocido (blanco, integral o salvaje)**
- **1 onza de salsa de soya**
- **Perejil**

Tiempo: 25 minutos | **Porciones: 2**

1. Corta la piña a la mitad. Extrae la pulpa y pícala en trozos pequeños. Reserva.
2. En un sartén, a fuego medio, calienta el aceite de oliva y el aceite de coco juntos. Agrega el ajo y la corvina.
3. Cocina por unos 15 minutos, dándole vuelta a la corvina. Agrega los camarones, cocina por 5 minutos más y revuelve.
4. Agrega la piña cortada en trozos, el arroz y la salsa de soya. Revuelve bien hasta que los ingredientes estén incorporados.
5. Rellena la piña con el arroz de mariscos.
6. Decora con el perejil.

Antes de incorporarlo todo, trata de sofreír la piña durante unos minutitos para que quede como caramelizada.

ARROZ VERDE CON CHILE POBLANO: DEL HAMBRE AL MANJAR

El arroz blanco nunca faltaba en mi casa en Venezuela: a toda hora teníamos, ya fuese recién hecho o recalentado. Pero, al comenzar a cocinar para mí, me di a la tarea de variarlo un poco, así que comencé a buscar cómo saborizarlo y esta terminó siendo mi fórmula favorita.

- **1 taza de arroz blanco**
- **2 chiles poblanos, sin semillas ni venas**
- **1 taza de cilantro fresco (ramas enteras)**
- **2 tazas de caldo de pollo o caldo de verduras**
- **1 diente de ajo**
- **¼ de cebolla**
- **½ taza de granos de elote**
- **1 cucharada de aceite vegetal**
- **Sal y pimienta al gusto**

Tiempo: 30 minutos | **Porciones: 6**

1. Licúa los chiles con el caldo, el ajo, el cilantro y la cebolla. Añade sal y pimenta al gusto y reserva.
2. En una olla, dora el arroz con el aceite, solo por unos minutos para evitar que se queme.
3. Vierte la mezcla licuada, agrega el elote y revuelve hasta incorporar.
4. Cuando la mezcla hierva, baja la intensidad del fuego y cocina el arroz por 15 minutos, hasta que el líquido se haya evaporado por completo.

ASADO NEGRO... DE CORAZÓN ROJO

Para mí y para muchos de los venezolanos, la carne favorita. La comemos como plato fuerte o como relleno de una arepa bien resuelta, como decimos en Venezuela. Esta es una de esas recetas que nos transportan a nuestra tierra. ¿Te animas a prepararla conmigo?

- **1 libra de muchacho redondo (*eye of round*)**
- **1½ tazas de aceite de maíz**
- **1 taza de papelón rallado (panela)**
- **1 cebolla grande cortada en cubos pequeños**
- **3 cabezas de ajo machacado**
- **½ libra de tomates maduros sin piel ni semillas**
- **Vino tinto**
- **Sal y pimienta negra recién molida al gusto**

Tiempo: 3 horas | **Porciones: 8**

1. La noche anterior a la preparación, limpia la carne, dejando parte de la capa de grasa que la cubre.
2. Sazónala bien con los ajos machacados, sal y pimienta a tu gusto. Báñala con vino tinto, cúbrela y déjala dormir esa noche en la nevera.
3. Calienta muy bien el aceite en un caldero y agrega el papelón. Cuando esté oscuro, sella la carne en esta mezcla hasta que quede prácticamente negra. Dale su tiempo para que quede realmente oscura.
4. Aparte, corta las cebollas en cubos pequeños. Pasa los tomates por agua caliente para retirarles la piel, quítales las semillas y déjalos en trozos.
5. Agrega las cebollas al caldero y cocínalas hasta que queden transparentes. Añade entonces los tomates, un poco de agua, sal y pimienta. Tapa el caldero y deja cocer la carne hasta que esté tierna.
6. Debes agregar agua, de ser necesario, para que no se seque. Cuando esté listo el asado, déjalo reposar antes de cortar la carne.
7. Sirve con suficiente salsa negra.

CAMARONES CON COCO Y SALSA DE MANGO: LOS HICE ¡PARA MÍ!

Esta combinación terminó siendo el relleno de uno de los rollos de *sushi* más pedidos en mi restaurante Ikura. Al principio, lo preparé para comérmelo yo, pero pasó a ser parte de nuestro menú.

- **½ taza de coco rallado sin azúcar**
- **½ taza de *panko***
- **2 cucharaditas de cáscara de lima rallada**
- **1 cucharadita de sal**
- **1 huevo**
- **1 libra de camarones pelados, desvenados y con cola**
- **Aceite de oliva o de coco**
- **1 taza de mango maduro (aproximadamente 2 mangos) cortado en cuadritos**
- **1 cucharada de miel**
- **1 cucharadita de jugo de limón**
- **1 cucharadita de salsa picante**
- **½ chile serrano, picado finamente**

Tiempo: 30 minutos | **Porciones: 4**

Para preparar los camarones con coco

1. En un tazón mediano, mezcla el coco rallado, *panko*, la cáscara de lima y sal. En otro recipiente, agrega el huevo y bátelo.
2. Pasa los camarones por el recipiente con huevo y luego por la mezcla de coco rallado y *panko*. Colócalos sobre una rejilla y guárdalos en el horno para que se mantengan calentitos.
3. Pon aceite en un sartén grande y caliéntalo a fuego medio. Coloca uno a uno los camarones y cocínalos hasta que se doren, aproximadamente 2 minutitos por cada lado. Retíralos del sartén, ponlos en un plato con servilletas de papel y reserva.

Para preparar la salsa de mango

1. Coloca el mango en un tazón mediano y tritúralo hasta que se haga puré. Agrega miel, jugo de limón y la salsa picante. Revuelve.
2. Sirve la salsa en un tazón y añade el chile serrano.
3. Sirve los camarones en un plato o bandeja y disfruta con la salsa de mango.

A la hora de cocinar esta receta, debes ser muy cuidadoso: es importante no pasarse del tiempo porque cambia la textura de los camarones y se ponen gomosos.

CARNE MECHADA: LA PROTAGONISTA DEL PABELLÓN VENEZOLANO

Al igual que el asado negro, esta carne la puedes utilizar como ingrediente principal de un plato fuerte o como relleno de arepas y empanadas. ¡Aún no conozco a un caribeño que no haya comido carne mechada!

- **1 libra de falda de res**
- **1 cucharadita de aceite de oliva**
- **1 taza de cebolla blanca picada**
- **1 taza de pimiento rojo picado**
- **1 cucharada de sal**
- **2 dientes de ajo finamente picados**
- **½ taza de vino blanco**
- **⅛ de cucharadita de pimienta de Cayena**
- **1 cucharadita de pimienta**
- **2 cucharaditas de comino**
- **2 cucharaditas de orégano**
- **1 cucharadita de paprika**
- **1 lata de tomates pelados**
- **Hojas de laurel**
- **Aceitunas españolas**
- **Vinagre blanco**
- **Cilantro picado**

Tiempo: 2 horas | **Porciones: 4**

1. Seca la falda de res, calienta un sartén con aceite de oliva y asa la carne hasta dorarla, de 5 a 7 minutitos por cada lado. Retírala del fuego y reserva.
2. En un sartén que puedas usar en el horno, sofríe la cebolla con el pimiento rojo y la sal. Agrega el ajo, vino blanco, pimienta de Cayena, pimienta, comino, orégano, paprika y los tomates. Revuelve y cocina por 5 minutos.
3. Pasado ese tiempo de cocción, coloca la carne y un par de hojas de laurel sobre el sofrito. Cubre con papel de aluminio y ponlo a hornear entre 2½ a 3 horas a 347 ºF.
4. Retira el sartén del horno, destápalo y saca las hojas de laurel. Desmecha la carne y mézclala con el sofrito. Agrega aceitunas españolas, vinagre blanco y revuelve una vez más.
5. Sirve y decora con cilantro.

CARNITAS DE PUERCO: LA COMIDA SOLIDARIA

El primer hogar que alquilé solo en Miami fue el garaje de la casa de una familia cubana (un *efficiency*). Como estaba solo, esa familia cubana compartía conmigo algunas de sus comidas, en especial, las carnitas de puerco. Siempre recuerdo ese platillo y, con el tiempo, le puse mi sazón.

- **2½ libras de cerdo en trozos**
- **10 dientes de ajo**
- **1 cebolla en trozos**
- **½ taza de jugo de naranja agridulce**
- **¼ de taza de jugo de limón**
- **¼ de taza de jugo de lima**
- **2 cucharadas de orégano**
- **2 cucharadas de comino**
- **1 cucharada de sal y pimienta**
- **2 tazas de agua**
- **1 taza de aceite de oliva**

Tiempo: 45 minutos | **Porciones: 4**

1. Mezcla el ajo, la cebolla picada, los jugos, ½ taza de aceite de oliva, el orégano, el comino, la sal y la pimienta.
2. Vierte la mezcla sobre los trozos de cerdo y déjalo marinar durante al menos 3 horas o, si es posible, toda la noche en el refrigerador.
3. Retira la carne del marinado y colócala en una olla con dos tazas de agua y ½ taza de aceite de oliva.
4. Cocina a fuego lento, sin tapar, hasta que toda el agua se evapore, aproximadamente 30 a 45 minutos.
5. Dora la carne de cerdo en el aceite hasta que quede crujiente por fuera.
6. Agrega las rodajas de cebolla si lo deseas y saltea brevemente.
7. Sirve con un poco de jugo de limón.

CAZÓN: EL RECUERDO DE MIS ÚLTIMAS VACACIONES EN FAMILIA

El cazón me recuerda a mi último viaje familiar en Venezuela, a la isla de Margarita, antes de venir a Estados Unidos. Las empanadas rellenas de este pescado son típicas de ese lugar. Cada vez que preparo esta receta, sueño con volver a esa hermosa isla.

Para el pescado

- **2 libras de cazón**
- **3 cebollas blancas cortadas en tiritas**
- **5 o 6 tomates asados**
- **5 o 6 chiles anchos (previamente desvenados y cocidos)**
- **1 rama entera de perejil**
- **4 dientes de ajo asados**
- **4 papas cocidas, sin cáscara y rebanadas**
- **Aceite de oliva**

Para el recado

- **5 o 6 dientes de ajo**
- **1 cucharadita de pimienta Tabasco**
- **1 cucharadita de pimienta**
- **1 pizca de canela**
- **⅓ de taza de vinagre**

Tiempo: 1 hora | **Porciones: 6**

1. Pon el cazón en una olla mediana y profunda (con agua suficiente para cubrir el pescado). Cuando comience a hervir, prueba el agua y, si sigue salada, cámbiala. Repite este proceso hasta que el agua no tenga sabor.
2. Una vez que quites el exceso de sal, colócalo en un recipiente seco y agrégale el recado (que son todas las especias molidas y disueltas en vinagre).
3. Calienta una olla grande profunda. Agrégale el aceite de oliva, la cebolla y el perejil. Una vez que la cebolla esté asada, sin que llegue a dorarse, añádele los dientes de ajo asados.
4. Pon el cazón en la olla con aceite hasta que se dore e incorpora el adobo que acabas de preparar.
5. Cuece los chiles anchos y luego licúalos junto con los tomates asados. Cuela la mezcla.
6. A la olla con cazón, añádele más aceite de oliva y el adobo licuado y colado. Déjalo cocinando por 10 minutos más.
7. Agrega las rebanadas de papa. Apaga el fuego y déjalo reposar.

CAZUELA DE RAJAS DE CHILE POBLANO: EL ANTOJITO DE MIS COMPAÑEROS

Esta es una de las recetas que me aprendí para complacer a mis compañeros mexicanos de *Despierta América*. Me llamó mucho la atención porque, aunque ellos la usan para rellenar los tacos, me pareció deliciosa para mis arepitas.

- **1 cucharada de aceite**
- **1 cucharada de mantequilla**
- **½ cebolla, cortada en juliana**
- **2 chiles poblanos pelados, desvenados y cortados en juliana**
- **1 taza de elote desgranado y cocido**
- **2 cucharaditas de consomé de pollo**
- **½ taza de crema**
- **½ taza de queso manchego rallado**
- **Sal y pimienta al gusto**

Tiempo: 20 minutos | **Porciones: 3**

1. En un sartén mediano, sofríe la cebolla con la mantequilla y el aceite hasta que esté transparente.
2. Agrega las rajas de chile poblano y los granos de elote. Cocina por 3 minutos.
3. Sazona con el consomé de pollo, sal y pimienta.
4. Agrega la crema y el queso rallado.
5. Sirve en cuanto el queso se gratine.

CHICKEN KATSU: POLLO FRITO AL ESTILO JAPONÉS

Este es uno de los platos favoritos de mis hijas; así que, en su honor y para sentir el calor de mi familia, quiero prepararlo con ustedes.

- **4 pechugas de pollo sin hueso, cortadas en tiras de ½ pulgada (poco más de 1 centímetro) de grosor**
- **2 cucharadas de harina**
- **1 taza de *panko***
- **1 huevo batido**
- **1 taza de aceite para freír**
- **Sal y pimienta al gusto**

Tiempo: 20 minutos | **Porciones: 4**

1. Coloca la harina, el huevo batido y el *panko* en platos separados.
2. Sazona las pechugas de pollo con sal y pimienta.
3. Reboza el pollo en la harina, báñalo en el huevo y cúbrelo con el *panko* por los dos lados.
4. En un sartén, calienta el aceite a fuego medio-alto y fríe el pollo durante 3 o 4 minutos por cada lado.
5. Escurre el exceso de grasa y sirve.

CHILES EN NOGADA: AROMA A DEBUT

Esta es la primera receta que aprendí a hacer para *Despierta América*. Me quería lucir con este plato que representa la bandera mexicana.

Para los chiles

- **6 chiles poblanos grandes**
- **½ libra de carne molida de res**
- **2 jitomates asados sin piel**
- **½ cebolla**
- **2 dientes de ajo**
- **½ taza de almendras peladas**
- **1 plátano macho frito picado en cuadritos**
- **1 manzana pelada y picada en cuadritos**
- **1 durazno pelado y picado en cuadritos**
- **½ taza de pasitas**
- **1 libra de piñones**
- **¼ de libra de nueces en trocitos**
- **Azúcar**
- **Aceite**
- **Sal y pimienta a gusto**

Para la nogada

- **⅓ de libra de nuez de castilla**
- **½ litro de crema ácida**
- **½ libra de queso crema**
- **2 cucharadas de vino blanco**
- **2 cucharadas de queso de cabra**
- **½ taza de leche evaporada**
- **½ cucharadita de canela en polvo**
- **Azúcar**
- **Sal**

Para la decoración

- **Semillas de granada**
- **Hojas de perejil**

Tiempo: 1 hora | **Porciones: 6**

1. Asa los chiles y mételos en una bolsa de plástico para que suden, después pélalos y desvénalos. Cuida que no se rompan.
2. Muele los jitomates y fríelos con la cebolla, almendras, ajo, pasas, piñones, nueces y frutas. Agrega la carne molida, azúcar, sal y pimienta. Cocina a fuego medio.
3. Para la nogada, licúa todos los ingredientes: la nuez, la crema ácida, el queso crema, el vino blanco, el queso de cabra, la leche evaporada, la canela, la sal y el azúcar.
4. Rellena los chiles con la carne molida una vez que esté completamente cocida.
5. Acomoda uno en cada plato y báñalos con la nogada.
6. Decora con semillas de granada y hojitas de perejil.

CHULETAS DE CERDO EN SALSA DE MANZANA DULCE: LA FRUTA DEL PECADO

Sí, sí y sí, ya lo sabes, los dulces son mi debilidad. Me gustan mucho y por eso pruebo, practico, invento y le pongo mi sazón dulce a cuanta carne o plato veo que puede llevarlo... ¿Te animas a hacer este conmigo?

- **4 chuletas de cerdo sin hueso**
- **Aceite vegetal**
- **¼ de taza de azúcar moreno**
- **¼ de taza de canela**
- **¼ de taza de nuez moscada**
- **2 manzanas verdes cortadas en tiras**
- **4 cucharadas de mantequilla**
- **4 cucharadas de nueces trituradas**
- **Sal y pimienta al gusto**

Tiempo: 25 minutos | **Porciones: 4**

1. En un sartén, con un poco de aceite vegetal, cocina las chuletas a fuego medio-alto, unos 5 minutos por cada lado.
2. En un tazón, mezcla el azúcar moreno, la canela, la nuez moscada, la sal y la pimienta.
3. En otro sartén, cocina las manzanas cortadas por unos 3 minutos mientras incorporas la mantequilla y la mezcla dulce.
4. Retira las manzanas y ponlas sobre las chuletas de cerdo.
5. Sigue cocinando la mezcla dulce hasta que espese. Cuando eso suceda, riégala sobre las chuletas y manzanas. Termina adornando con las nueces trituradas.

COSTILLAS EN SALSA DE CHILE MORITA: UN SECRETO *MAYOR*

Esta receta la aprendí de mi querido chef Chile Mayor en una de las primeras visitas que me hizo en *Despierta América*. Me enseñó a hacer estas costillas con un toque mexicano... Fue una forma de variar la tradicional cocción con salsa barbacoa.

- **2 libras de costillas de cerdo**

Para la salsa morita

- **3 tomates de pera (de la variedad Roma)**
- **3 tomates verdes**
- **¼ de cebolla blanca**
- **2 dientes de ajo**
- **¼ de taza de aceite**
- **4 chiles morita**
- **1 cucharadita de sal**
- **4 tazas de agua**

Tiempo: 45 minutos | **Porciones: 4**

1. Asa los tomates de pera, los verdes, la cebolla y el ajo hasta que estén bien asaditos.
2. Fríe en aceite los chiles morita hasta que se inflen.
3. Coloca los ingredientes asados y los chiles morita en una licuadora. Agrega la sal y licúa hasta que esté todo bien mezclado.
4. En una olla, añade las 4 tazas de agua, las costillas de cerdo y sal al gusto. Cocina a fuego medio hasta que el agua se consuma y se doren un poco las costillas.
5. Agrégale la salsa morita a las costillas y déjala hervir por 25 minutos.

Es importante que, antes de licuar los vegetales, primero los ases. ¡No te saltes este paso!

CREMA DE FRIJOL CON CHIPOTLE Y QUESO PARA CHIQUIS RIVERA

Chiquis es una especie de madrina de *Delicioso*, aquel primer *show* junto a mi querida chef Lorena García. Recuerdo que le hicimos unos tacos a la hija de la Diva de la Banda y lo acompañamos con este plato. A continuación, te cuento qué es y cómo se hace. ¿Que si le gustó? ¡Le encantó!

- **4 tazas de frijol bayo cocido**
- **¼ de cebolla cortada en cubos**
- **2 dientes de ajo**
- **2 chiles chipotle**
- **2 tazas de tortillas de maíz fritas y en juliana**
- **2 cucharadas de perejil picado**
- **1 rama de epazote**
- **1 taza de crema**
- **1 taza de caldo de pollo**
- **1 cucharada de aceite**
- **1 aguacate picado en cubos**
- **150 gramos (5 onzas) de queso fresco**
- **Sal y pimienta al gusto**

Tiempo: 30 minutos | **Porciones: 6**

1. En un sartén, a fuego medio, sofríe la cebolla y los dientes de ajo. Luego, vierte el frijol bayo y cocínalo por 10 minutos. Agrega los chiles, las hojas de epazote, sal y pimienta. Revuelve y deja hervir.
2. Deja enfriar los frijoles, colócalos en la licuadora, vierte una taza de crema y mezcla.
3. En una cacerola, añade la crema de frijol y revuélvela bien, ponla en el fogón y agrega el caldo de pollo. Cocina hasta que espese.
4. Sirve junto con las tortillas, el aguacate, el queso fresco cortado en lonjas y perejil picado.

La combinación del chipotle con el queso hace que ya, de por sí, este acompañante salga muy condimentado. No te excedas con los picantes.

CREPAS CON CHILE POBLANO Y MAÍZ: UN DELICIOSO DESCUBRIMIENTO CALLEJERO

Bendito ese *food truck* de Los Ángeles que me hizo conocer esta maravilla. Para mí, las crepas eran solo dulces, hasta que un día me encontré con el camión de este humilde y sabio amigo mexicano que no solo me hizo conocer esta delicia, sino que hasta me enseñó cómo hacerla... Ahora es mi oportunidad de pasarte el legado de don Chuy.

Para las crepas

- **1 chile poblano sin semillas y en tiras**
- **½ taza de caldo de pollo**
- **¼ de manojo de cilantro**
- **¼ de taza de granos de elote**
- **¼ de taza de queso crema**
- **Sal y pimienta al gusto**
- **12 crepas**

Para la guarnición

- **1 chile poblano**
- **¼ de cebolla**
- **¼ de taza de granos de maíz**
- **Sal y pimienta al gusto**
- **Aceite**

Tiempo: 45 minutos | **Porciones: 6**

1. Licúa el caldo de pollo, el cilantro, el chile y el queso crema.
2. Agrega los granos de elote a la mezcla.
3. En un plato, coloca las crepas dobladas por la mitad y báñalas con la salsa de poblano que acabas de preparar.

Para preparar la guarnición

1. En un sartén, vierte el aceite y cocina la cebolla. A continuación, agrega el chile poblano y, finalmente, el maíz. Sazona al gusto. Vierte el guiso sobre las crepas y sirve.

FLAUTAS DE POLLO: LA RUTA HACIA ELLAS

Cuando trabajaba en distribución de comida, había un restaurante mexicano delicioso. Siempre armaba mis rutas de modo que me tocara llegar justito a la hora en que se comían las flautas de pollo. Hasta que conseguí su receta...

Para las flautas

- **2 pechugas de pollo desmenuzadas**
- **12 a 16 tortillas de maíz**
- **2 tazas de queso rallado (*mozzarella* preferiblemente)**
- **¼ de cebolla finamente picada**
- **½ taza de jalapeños en escabeche, finamente picados**
- **2 cucharaditas de cada una: chile en polvo y orégano mexicano en polvo**
- **1 cucharadita de sal**
- **Pimienta negra**

Para la salsa verde

- **4 tomatillos**
- **½ cebolla**
- **1 diente de ajo**
- **2 chiles serranos**
- **10 a 12 ramitas de cilantro**
- **1 aguacate**
- **Sal al gusto**

Tiempo: 25 minutos | **Porciones: 4**

1. Agrega 2 pechugas de pollo a una cacerola y cúbrelas con agua fría.
2. Cuando empiece a hervir, reduce la temperatura y cocina hasta que el pollo esté cocido.
3. Agrega sal, pimienta, cebolla y cilantro al agua.
4. Una vez cocidas, saca las pechugas para que se enfríen y luego desmenúzalas.

Para preparar la salsa verde

1. Quita las cáscaras y los tallos de los tomatillos. Enjuágalos bien y tuéstalos, en un horno a 400 °F, hasta que comiencen a tomar un tono verde militar.
2. Licuálos junto con ½ cebolla, el ajo, el cilantro y los 2 chiles serranos. Mezcla bien y prueba el nivel de picante.
3. Agrega el aguacate y sal al gusto y licúa.

Para preparar las flautas

1. En un bol, combina el pollo desmenuzado con el queso rallado, ¼ de cebolla finamente picada, ½ taza de jalapeños en escabeche, el chile en polvo, el orégano mexicano, la sal y la pimienta. Mezcla bien.
2. Pon las tortillas en un plato y cúbrelas con toallas de papel húmedas. Mételas en el microondas hasta que estén suaves y flexibles.
3. Agrega 2 o 3 cucharadas de mezcla de pollo a cada tortilla. Enróscalas y colócalas con la costura hacia abajo en una bandeja para hornear.
4. Agrega una capa delgada de aceite a cada una.
5. Hornea por 20 minutos a 400 °F, hasta que los bordes tomen un color marrón oscuro. Sirve inmediatamente con la salsa verde.

GARBANZOS CON CHORIZO: "DESPIERTA MADRID"

En un viaje que hice a Madrid, estaba en un restaurantico típico atendido por su propio dueño y chef. Al mostrarle mi atracción por la culinaria, me abrió las puertas de su cocina y me enseñó a preparar esta maravilla. ¡Y olé!

- **2 litros de agua**
- **1 paquete de 16 onzas de garbanzos secos**
- **¼ de cebolla blanca**
- **2 hojas de laurel**
- **1 cucharadita de orégano seco**
- **2 cucharaditas de condimento para todo uso**
- **2 o 3 chorizos tipo español (sin piel)**
- **3 dientes de ajo picados finamente**
- **½ cebolla blanca cortada en cubitos**
- **1 pimiento morrón cortado en cubitos**
- **1 tomate cortado en cubitos**
- **1 cucharadita de paprika**
- **2 cucharadas de aceite de oliva**
- **Sal al gusto**

Tiempo: 90 minutos | Porciones: 4

1. En una olla mediana profunda, añade 2 litros de agua y los garbanzos secos (previamente lavados). Cocina a fuego medio-alto.
2. Agrega la cebolla, el laurel, el orégano seco y el condimento para todo uso. Cocina por 40 minutos (en este tiempo, quedan al dente).
3. Para preparar el guiso, pon a calentar un sartén mediano y profundo a fuego medio-alto, agrega el chorizo en rodajas y deja que se cueza en su propia grasa.
4. Cuando esté bien doradito, retira las rodajas del sartén y reserva en un plato.
5. En el aceite que dejó el chorizo, fríe la cebolla, el tomate y el pimiento morrón. Deja el ajo de último.
6. Mueve constantemente el sofrito durante 5 minutos, agrega los garbanzos con todo el caldo donde se cocieron.
7. Rocía la paprika en el guiso, agrega sal al gusto, revuélvelo bien y cocínalo por 15 minutos más.
8. Apaga el fuego y déjalo reposar unos 10 minutos antes de servir.

HALLACAS: EL SABOR DE LA FAMILIA EN LA COCINA

Para mí, las hallacas huelen a Navidad, familia, amor, unión y muchos abrazos. Hacerlas es como abrazar a cada una de las personas con quien las compartes.

- ¼ de taza más 2 cucharadas de aceite de oliva, dividido
- 1 pechuga de pollo deshuesada y sin piel
- 6 onzas de solomillo de res picado y 6 de lomo de cerdo, finamente picados
- 1½ tazas de puerro finamente picado
- 1 taza de cebolla finamente picada
- ⅓ de taza de cebolla verde picada
- 2 dientes de ajo picados
- ⅔ de taza de pimiento verde o rojo picado
- ½ taza de pimiento cubanelle o Anaheim sin semillas y picado
- ¾ de taza de tomate sin semillas y picado
- 2½ tazas de caldo de pollo
- ⅓ de taza de vinagre de vino tinto
- 2 cucharadas de azúcar moreno
- ½ cucharadita de cada uno: sal y pimiento rojo molido
- ¼ de cucharadita de pimienta negra
- ½ taza de cada uno: chalotes en rodajas, pimiento rojo asado en rodajas, pasas, alcaparras pequeñas y almendras en rodajas
- ⅓ de taza de aceitunas rellenas de pimiento en rodajas
- 1 cucharada de semillas de achiote
- 1⅓ tazas de puré de calabaza (enlatado o fresco)
- 3 tazas de harina de maíz blanco precocida
- 16 cuadrados de papel de aluminio (de 12 pulgadas cada uno o 30.5 centímetros)
- 3 huevos grandes cocidos

Tiempo: 3 horas | **Porciones: 16**

1. Calienta una cucharada de aceite en un sartén antiadherente grande a fuego medio-alto. Agrega el pollo y cocínalo hasta que esté listo. Retíralo. Repite el paso con las carnes de res y cerdo usando ½ cucharadita de aceite.
2. Reduce el fuego a medio y agrega 1½ cucharaditas de aceite. Saltea el puerro, las cebollas y el ajo por

Continúa en la página 170

PASTEL DE CARNE: UN PLATO DE PELÍCULA

Debo confesar que este pastel es una de las pocas comidas típicas de Estados Unidos que me gusta. Lo descubrí porque se lo hacen al protagonista de la película *Sugar* (mi debut en el cine). Cuando convertí la cocina en mi profesión, lo preparé en honor a esa experiencia y me gustó.

- **1 libra de carne de res**
- **1 cebolla picada**
- **1 taza de agua**
- **2 cubos de caldo de res (*bouillon*)**
- **¼ de taza de kétchup**
- **½ cucharadita de orégano**
- **1 pizca de nuez moscada**
- **2 cucharadas de harina**
- **2 hojas de pasta de hojaldre**

Tiempo: 40 minutos | **Porciones: 4**

1. Precalienta el horno a 420 °F.
2. En un sartén mediano, cocina la carne y la cebolla hasta que la carne cambie de color.
3. Agrega 2/4 de taza de agua, los cubos de caldo, el kétchup y las especias. Cúbrelo y cocina durante 15 minutos.
4. Mientras, combina la harina con el agua restante hasta obtener una pasta. Agrega la mezcla a la carne.
5. Retira del fuego y reserva hasta que se enfríe.
6. Engrasa un molde para hornear y extiende la masa de hojaldre en la base. Rellénalo con carne y cúbrelo con una capa de hojaldre, pisando los bordes con un tenedor para sellar.
7. Corta los bordes, decora a tu gusto y barniza con leche o huevo batido.
8. Hornea el pastel durante 15 minutitos. Reduce la temperatura del horno a 350 °F y hornea 25 minutos más o hasta que la cubierta esté dorada.

TACOS AL PASTOR DE POLLO: DE TODOS LOS TACOS, MI FAVORITO

¡Qué maravilla! La salsa que se le hace al pastor es una de mis debilidades y un día intenté dejar a un lado el cerdito e intentarlo con pollo. Y salió la siguiente receta.

- **¼ de taza de aceite vegetal**
- **10 chiles guajillo**
- **2 chiles anchos**
- **2 dientes de ajo**
- **¼ de cebolla**
- **4 clavos**
- **1 cucharadita de comino**
- **1 taza de puré de tomate**
- **1 taza de jugo de piña**
- **1 cubito de achiote**
- **¼ de taza de vinagre de manzana**
- **1½ libras de pechugas de pollo cortadas en tiras**
- **Sal y pimienta al gusto**
- **½ manojo de cilantro picado**
- **1 taza de piña picada en láminas**
- **½ cebolla finamente picada**
- **Tortillas de maíz**

Tiempo: 30 minutos | Porciones: 6

1. Disuelve el cubito de achiote en el vinagre de manzana y reserva.
2. En un sartén, a fuego lento, fríe los chiles, la cebolla, el ajo y los clavos en el aceite. Sazona y retíralos del fuego después de cinco minutos.
3. Licúa el sofrito con el puré de tomate, el jugo de piña y la mezcla de achiote con vinagre.
4. Vierte la mezcla en un tazón y remoja las tiras de pollo en el adobo. Déjalo marinar por 1 hora.
5. Calienta ½ taza de aceite en un sartén mediano, fríe las tiras de pollo hasta que estén doradas por ambos lados y reserva.
6. Ya puedes armar los tacos. Para eso, calienta las tortillas en un sartén, rellénalas con el pollo y usa el cilantro, la cebolla y la piña para decorar.

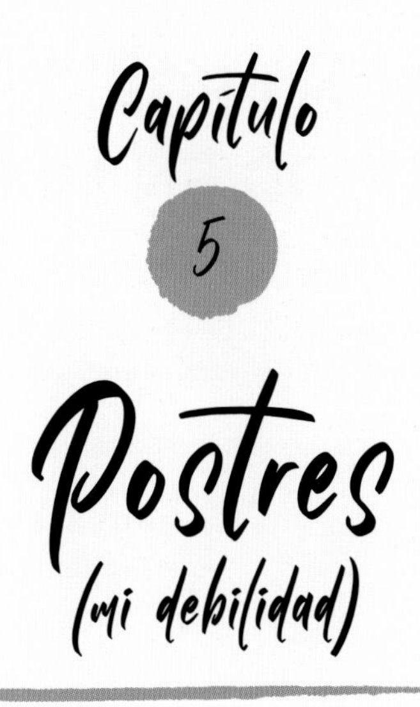

Los postres siempre me van a recordar a mi hermana. Ella me lleva 6 años y, en su preadolescencia, le dio por cocinar. Como hermano menor, me ponía a hacer la parte tediosa de la receta. "Hermano, ralla este chocolate de taza...", me decía. Y sí, yo lo hacía, pero a cambio de una recompensa: quedarme con el tazón al final de la preparación y poder lamer toda la mezcla, o lo que quedaba de ella. Así comenzó mi amor por la repostería y también el de mi hermana, quien tiene hoy en día su propia empresa de postres y dulces para eventos.

ARROZ CON LECHE: LA BASE DEL AHORRO EN MI FAMILIA

En todos los almuerzos en Venezuela, se come arroz. Mi mamá aprovechaba lo que quedaba y hacía este postrecito.

- **2 tazas de arroz**
- **3 tazas de azúcar**
- **7 tazas de leche**
- **2 palitos de canela**
- **1 rodaja de cáscara de limón**
- **5 palitos de anís estrellado**

Tiempo: 45 minutos | **Porciones: 6**

1. Cocina el arroz con las 7 tazas de leche, los palitos de canela y el azúcar.
2. Cuando comience a espesar, coloca la cáscara de limón y los 5 palitos de anís estrellado.
3. Déjalo cocinar hasta que quede una pasta ligera de arroz (no muy seco).
4. Retíralo del fuego y saca los palitos de canela, la cáscara de limón el anís estrellado.
5. Si el arroz se pone muy espeso o se seca mucho, puedes colocarle más leche. No importa que ya lo hayas dejado de cocinar porque el arroz tiende a absorber más la leche con el tiempo.

CHICHA: MI COMPAÑERA DE PROGRAMAS INFANTILES

En mi casa, era como una merienda. Recuerdo que, cuando era niño, la comía mirando la programación infantil de las tardes. Entre esa programación, *Chamocrópolis*. Quién me iba a decir que, con los años, uno de sus presentadores, Raúl González, se convertiría en mi compañero de *Despierta América* y en uno de mis consejeros profesionales.

- **1 taza de arroz**
- **7 tazas de agua**
- **1 taza de leche (depende de la consistencia al gusto)**
- **1 lata de leche condensada**
- **1 palito de canela**
- **½ cucharadita de esencia de vainilla**
- **Canela en polvo (al gusto)**

Tiempo: 30 minutos | **Porciones: 4**

1. Un día antes de hacer la chicha, debes dejar remojando el arroz con dos tazas de agua y el palito de canela.
2. Transcurrido este tiempo, cocina el arroz en las 5 tazas de agua restantes hasta que quede bien blando: durante 40 minutos aproximadamente.
3. Una vez cocinado, colócalo en una licuadora junto con la leche condensada, la cucharadita de vainilla y la leche entera según tu gusto. Si lo deseas, puedes añadir canela en este momento o espolvorearla al final cuando ya esté servido.

CHURROS: MI ASIGNATURA PENDIENTE

¡Ay, los churros...! En Venezuela, como en muchas partes de Latinoamérica, es muy común que se vendan en la calle. De niño, cuando paseaba con mi mamá y mi papá, veía cómo los hacían de fácil, pero nunca pude confeccionarlos en la casa hasta que, cuando aprendí a cocinar, los preparé. Logré simplificar esa asignatura pendiente de la infancia y aquí te comparto la receta para que puedas sorprender a los tuyos con unos churros crujientes.

- **1 cucharada de canela molida**
- **1 taza de azúcar**
- **1 cucharada de extracto de vainilla**
- **½ taza de leche**
- **6 cucharadas de mantequilla sin sal**
- **1 cucharadita de sal**
- **1 taza de harina para todo uso**
- **3 huevos grandes**
- **Aceite vegetal para freír**
- **Manga pastelera ajustada con punta de estrella**

Tiempo: 45 minutos | Porciones: 6

1. Calienta aproximadamente 1½ pulgadas (3.8 centímetros) de aceite vegetal en una olla grande o sartén profundo a fuego medio-alto (te aconsejo que sean unos 360 °F). Mientras se calienta el aceite, prepara la masa.
2. Agrega agua, mantequilla, azúcar y sal a una cacerola grande. Ponla a fuego medio-alto para que hierva.
3. Luego, incorpora la harina, reduce un poquito el fuego, a medio-bajo, y cocina. Importante: revuelve constantemente con una espátula de goma hasta que la mezcla quede bien combinada y suave.
4. Transfiere la mezcla a un tazón grande y déjala enfriar durante 5 minutos.
5. Agrega la vainilla y el huevo a la mixtura de harina, y mezcla inmediatamente con una batidora eléctrica. No pares hasta que quede suave (se separará al principio, pero sigue).
6. Transfiere a una manga pastelera

de 16 pulgadas (40.6 centímetros) equipada con una punta de estrella redondeada (no más grande de ½ pulgada o 1.3 centímetros).

7. Coloca la mezcla con cuidado en el aceite precalentado en tiras de aproximadamente 6 pulgadas (15.2 centímetros) de longitud. Corta el extremo con unas tijeras limpias.
8. Déjalos freír hasta que estén dorados, unos 2 minutos por lado. Te recomiendo que los seques con toallas de papel. Luego, transfiérelos a la mezcla de azúcar y canela y ruédalos por esta para cubrirlos.
9. Repite el proceso con la masa restante (no frías más de 5 a la vez). Sirve caliente.

DULCE DE FRUTAS: DEDICADO A MIS HIJAS

Mis dos hijas, Anabella y Silvana, salieron amantes de las frutas como yo. Quería hacerles un postre que no fuera ni muy dulce ni muy lleno de azúcar artificial, sino algo más natural. Así que me inventé este postre que te comparto.

- **8 tazas de agua (½ galón)**
- **16 onzas de piloncillo**
- **1 taza de azúcar**
- **2 rajas de canela**
- **2 cucharadas de extracto de vainilla**
- **3 camotes pelados y cortados en cuartos**
- **1 calabaza pelada y cortada en cuartos**
- **5 guayabas cortada a la mitad**
- **10 higos**

Tiempo: 30 minutos | Porciones: 6

1. En una olla mediana profunda, pon a calentar el agua. Agrégale el piloncillo, el azúcar, el extracto de vainilla y la canela. Remueve hasta disolver el piloncillo (vas a hacer un almíbar casero).
2. Agrega las frutas al almíbar casero y déjalas cocer a fuego lento. En seguida que se cuezan, sácalas para evitar que se deshagan.
3. Apaga el fuego y deja enfriar el almíbar un poco. Luego ve acomodando nuevamente las frutas en ella. Ponle la tapa a medio cubrir y deja reposar hasta servir.

DULCE DE LECHOSA: LA DEBILIDAD DE MI PAPÁ

Este es uno de los postres favoritos de mi papá. Recuerdo verlo llegar a casa con el frasco de vidrio. Siempre había un dulce de lechosa en la nevera. Ya de grande, intenté prepararlo y, ¿sabes qué?, descubrí que era muy fácil de hacer.

- **1 lechosa de 1 a 3 libras más o menos**
- **1 galón de agua**
- **½ cucharada de bicarbonato**
- **12 tazas de papelón o piloncillo rallado de la panela clara**
- **5 tazas de azúcar**
- **8 clavos de especia**

Tiempo: 1 hora | **Porciones: 8**

1. Pela la lechosa y córtala en lonjitas de ⅕ de pulgada aproximadamente (½ centímetro) de grosor más o menos.
2. Coloca las lonjas en una olla con el galón de agua y el bicarbonato, y llévalas al hervor. Tapa la olla durante cinco minutos, retira del fuego y pasa el contenido por un colador de pasta.
3. Baña la lechosa con agua bien fría directamente del grifo.
4. Coloca en la olla el papelón, el azúcar, los clavos y el agua para hacer el almíbar. Déjalos cocinar en la olla destapada durante 15 minutos.
5. Pasa la lechosa a otra olla grande y coloca sobre ella el colador de pasta.
6. Pon dentro un liencillo. Pasa a través de él el almíbar y déjalo caer en la olla que contiene la lechosa.
7. Ahora, pon la olla en el fuego y cocínalo durante aproximadamente una hora y media. Sabrás que el almíbar está a punto cuando las gotas caigan lentamente de una cuchara de madera, formando un hilito.
8. Retira la olla del fuego, deja enfriar y pon el dulce en la nevera.

Es muy importante que la lechosa o papaya esté pintona. No puede estar muy madura, pero tampoco muy verde. Ahí está el secreto.

FRESAS CON CREMA: LA SENCILLEZ DEL AMOR

Esta receta tiene mucho que ver con nuestros viajes en familia a las zonas frías de Venezuela. En esos paseos de fin de semana, íbamos a sitios donde vendían este postre tan fácil de hacer, pero muy sabroso.

- **2 tazas de fresas lavadas y cortadas finamente**
- **1 limón**
- **1 cucharadita de extracto de vainilla**
- **1 taza de azúcar**
- **2 tazas de crema espesa (*heavy cream*)**
- **½ taza de azúcar glas**
- **Hojitas de yerbabuena**

Tiempo: 30 minutos | **Porciones: 4**

1. En un tazón grande, agrega las fresas, el azúcar, el jugo de limón y el extracto de vainilla. Revuelve todo muy bien y deja reposar por 20 minutos. Reserva.
2. Para hacer la crema, agrega la crema espesa y el azúcar en un tazón grande.
3. Con la batidora eléctrica, ve batiendo la crema hasta conseguir que quede firme y consistente.
4. Sirve las fresas en unas copas de cristal con la crema *chantilly* por encima. Decora con hojitas de yerbabuena.

MANZANA VERDE FRITA CON HELADO DE VAINILLA: LA ESTRELLA DE MI RESTAURANTE

Este postrecito nació en mi restaurante. Como te he dicho numerosas veces, soy amante de las frutas desde pequeño y quería que mis clientes terminaran sus comidas con un postre de frutas que tuviera alguna influencia de la comida japonesa, que utilizara el método de tempura. ¿Y sabes qué? Terminó siendo la estrella del menú.

- **4 manzanas verdes**
- **½ taza de dulce de leche o caramelo**
- **4 cucharadas de canela en polvo**
- **1 taza de harina para empanar**
- **½ taza de agua**
- **2 tazas de helado de vainilla**
- **Aceite para freír**

Tiempo: 20 minutos | **Porciones: 4**

1. Corta las manzanas en 4 pedazos iguales. Luego, rebánalas lo más finas posible.
2. En un tazón, mezcla la harina con el agua hasta que no queden grumos.
3. Sumerge las rebanadas de manzana en la mezcla de harina para empanar semiespesa, y fríelas por unos 3 minutos hasta que queden doradas.
4. En una jarra, mezcla el dulce de leche con la canela hasta que desaparezcan los grumos.
5. Coloca las rebanadas de manzana frita en un plato y báñalas con la mezcla de dulce de leche y canela.
6. Agrega una bola de helado encima.

Pica las manzanas lo más finitas que puedas, de manera que las rodajas se vean a trasluz, para que se disfrute más el postre.

MARQUESA DE CHOCOLATE: LA PRIMERA SOCIEDAD CON MI HERMANA

Este es uno de los postres venezolanos más tradicionales. Por eso fue uno de los primeros que mi hermana aprendió a confeccionar en la etapa (de la cual ya te hablé) en que comenzó con la repostería. La receta era de una tía nuestra. Cada vez que podíamos, lo cocinábamos a dúo. Y ya sabes, yo me quedaba con el tazón para pasarle la lengua.

- **2 paquetes de galletas María**
- **1 barra de mantequilla sin sal**
- **1 lata de leche condensada**
- **2 paquetes de chocolate de taza (de los grandes)**

Tiempo: 45 minutos | **Porciones: 6**

1. Bate la leche condensada y la mantequilla, asegurándote de que no queden grumos.
2. Ralla los dos paquetes de chocolate y agrégalos a la crema.
3. Moja las galletas María en café o leche (el que sea de tu preferencia, a mí me gusta más con chocolate).
4. En un molde refractario, extiende una capa de galletas y una de crema, y así, sucesivamente, repite el mismo proceso hasta llenar el molde.
5. Al final, espolvoréalo con cacao o chocolate rallado.

Es importante que no remojes mucho las galletas María, ya sea que uses leche natural o con chocolate. Se pasan por la leche justo antes de usarlas para armar el molde porque con galletas demasiado mojadas, la marquesa tomaría una textura muy suave y pastosa.

TORTA DE ALMENDRAS: EL MEJOR COMPAÑERO DE MI CAFÉ

Es el postre perfecto para tomar con una taza de café. De hecho, siempre trato de tener uno en mi casa. Este de almendras, te confieso, es el que más disfruto porque queda más esponjoso.

- **1½ tazas de harina para todo uso**
- **1 taza de azúcar granulada**
- **1 cucharadita de polvo de hornear**
- **½ cucharadita de sal**
- **2 huevos**
- **⅔ de taza de leche regular**
- **⅓ de taza de aceite vegetal**
- **2 cucharaditas de extracto de almendra**
- **1 taza de almendras en rebanadas (uso dividido)**
- **1 taza de frutos rojos (combinación de fresas, frambuesas y arándanos)**

Tiempo: 70 minutos | **Porciones: 8**

1. Precalienta el horno a 350 ºF y engrasa un molde de hornear de 8 x 4 pulgadas (20.32 x 10.16 centímetros).

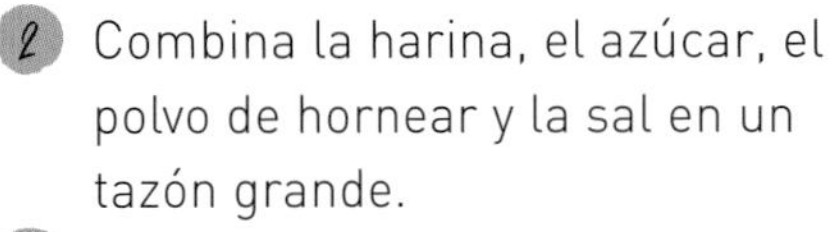

2. Combina la harina, el azúcar, el polvo de hornear y la sal en un tazón grande.
3. En un tazón mediano, bate los huevos, la leche, el aceite y el extracto de almendra. Agrega esta mezcla a la de harina junto con ½ taza de almendras y los frutos rojos. Revuelve ambas mezclas hasta que queden bien integradas.
4. Vierte la mezcla en el molde previamente engrasado, rocía la mezcla con la ½ taza restante de almendras.
5. Pon el molde en el horno y deja hornear por 55 minutos, o hazle la famosa prueba del cuchillo: si al insertarlo en el centro del pan sale limpio, está listo.

PANQUÉ DE ELOTE CON ROMPOPE A LO MARÍA ANTONIETA COLLINS

Conversando un día con María Antonieta Collins, en su programa de radio *Casos y Cosas*, ella, que es una experta cocinera, me regaló esta receta. Me encanta el maíz y no lo había probado nunca en un postre hasta que María Antonieta me reveló este nuevo mundo.

Para el panqué

- **3 tazas de elotes**
- **1 taza de crema espesa (*heavy cream*)**
- **7 onzas de mantequilla**
- **1 lata de leche condensada**
- **½ taza de azúcar**
- **4 huevos**
- **2 tazas de harina de trigo**
- **2 cucharadas de polvo de hornear**

Para el glaseado de rompope

- **1 taza de azúcar glas**
- **¼ de taza de rompope**

Tiempo: 1 hora y 30 minutos | **Porciones: 10**

1. Precalienta el horno a 350 °F.
2. Licúa el elote y la crema espesa. Reserva.
3. Bate la mantequilla con la leche condensada y el azúcar hasta que se integren los ingredientes.
4. Añade los huevos e incorpora poco a poco la harina de trigo y el polvo de hornear.
5. Mezcla el batido con los granos de elote licuados.
6. Vierte la mezcla en un molde de panqué engrasado y enharinado. Hornea por 1 hora 15 minutos o hasta que, al introducir un palillo de madera, este salga limpio. Deja enfriar.
7. En un recipiente, mezcla el azúcar glas con el rompope hasta formar el glaseado.
8. Desmolda y agrega el glaseado de rompope.
9. Corta en rebanadas y sirve.

Si no consigues
un elote tierno, es
mejor que compres
un maíz tierno
de lata.

PAVLOVA: MI POSTRE FAVORITO

Debo confesarte que me puedo sentar a comerme una pavlova entera sin ningún problema. No lo hago por no hacerle daño a mi salud, pero es una de mis debilidades y mi hermana es una experta haciéndola...

- **3 claras de huevo**
- **1 pizca de sal**
- **1 taza de azúcar**
- **1 cucharada de maicena**
- **1 cucharada de jugo de limón**
- **1 cucharadita de esencia de vainilla**
- **1¼ tazas de crema de leche**
- **½ taza de azúcar glas**
- **1 limón**
- **½ libra de tu fruto del bosque preferido**
- **Dulce de leche**
- **Nueces**

Tiempo: 40 minutos | **Porciones: 6**

1. Comienza precalentando el horno a 295 °F.
2. Bate las claras a punto de nieve. Agrega paulatinamente el azúcar, la maicena, la sal, el jugo de limón y la esencia de vainilla (una vez lista, puedes colocar nueces trituradas).
3. En una bandeja, coloca papel antiadherente y esparce la mezcla de manera que tenga un grosor de aproximadamente 0.40 pulgadas (1 centímetro).
4. Colócala en el horno unos 45 minutos. Luego, deja la bandeja unos 40 minutos más dentro del horno hasta que la base de la pavlova se enfríe (que alcance temperatura ambiente).
5. Retírala del horno y, con mucho cuidado, despega el papel antiadherente.
6. Con una batidora eléctrica, bate bien la crema de leche, el azúcar glas y el jugo del limón por unos 25 minutos, creando una crema semifirme o *chantilly* (lo puedes hacer mientras horneas: paso 5).
7. Inmediatamente, coloca la pavlova en una bandeja, adórnala con una capa de dulce de leche o Nutella y, luego, con una capa de *chantilly*.
8. Por último, ponle las frutas de tu preferencia (fresas, frambuesas, moras o arándanos).

El merengue horneado debe quedar crujiente y no esponjoso, por eso es importante que la base quede bien delgadita.

PLANTILLAS Y GUANÁBANA: LA ESPECIALIDAD DE MI HERMANA

Es una de las especialidades de mi hermanita. Ella hace este platillo con diferentes frutas, pero, para mí, el de guanábana es uno de los más ricos y se convirtió uno de mis postres favoritos. Sí, otro que es "mi postre favorito".

- **1 lata de leche condensada**
- **1 lata de leche evaporada**
- **1 lata de media crema**
- **3 a 4 limones**
- **1 paquete de plantillas (*ladyfingers*)**
- **Concentrado de guanábana**
- **1 cucharada de cáscara de limón rallada**

Tiempo: 40 minutos | **Porciones: 6**

1. Bate la leche evaporada con la leche condensada y la media crema. Exprime los limones en la mezcla y sigue batiendo hasta que tomen una consistencia espesa.
2. Mojas las plantillas en el concentrado de guanábana y haces una capa con las galletas y otra con la crema hasta llenar el molde refractario.
3. Adorna con cáscara de limón rallada y refrigera por 45 minutos.

Al igual que la marquesa, recomiendo no dejar las plantillas en el líquido mucho tiempo porque pierden el crocante.

PUDÍN DE PAN CON ARÁNDANOS SECOS Y CHOCOLATE BLANCO: MI TOQUE GOLOSO

Este postre lo conocí recién llegado a Estados Unidos. Lo probé de uno de los chefs que eran clientes míos. Él lo hacía sin el chocolate blanco, que es mi toque especial para hacerlo aún más dulce.

- **5 tazas de pan en trozos (preferiblemente *brioche*)**
- **1 cucharada de mantequilla sin sal**
- **2 tazas de leche**
- **½ taza de leche condensada**
- **1 taza de chispas de chocolate blanco**
- **¼ de taza de ron oscuro**
- **1 cucharada de extracto de vainilla**
- **2 cucharadas de azúcar**
- **1 taza de arándanos secos (pasas)**
- **4 huevos**
- **2 yemas de huevo**
- **Azúcar glas**
- **¼ de taza de agua**

Tiempo: 50 minutos | **Porciones: 6**

1. Precalienta el horno a 380 °F. Cubre el molde para hornear con mantequilla.
2. Extiende los trozos de pan en el molde, haciendo una capa uniforme.
3. Distribuye los arándanos secos y las chispas de chocolate blanco entre los trozos de pan y por encima de este.
4. Mezcla la leche, la leche condensada, el extracto de vainilla, los huevos y las yemas de huevo en un tazón grande.
5. En una cacerola pequeña, calienta el ron, el azúcar y ¼ de taza de agua a fuego medio-bajo, revolviendo hasta que el azúcar se disuelva.
6. Junta ambas mezclas en un recipiente y cubre los trozos de pan de manera uniforme.
7. Coloca el molde del pudín de pan sobre una bandeja honda para hornear, con agua hasta la mitad.
8. Hornea por unos 25 minutos.
9. Retira el molde del horno y enfría completamente. Agrega azúcar glas por encima del pudín con un colador, para evitar grumos.

Te aconsejo hornear los trozos de pan antes de echarles la mezcla para que no absorban tanto y el pudín no se convierta en un quesillo, y tus invitados puedan apreciar los trozos de pan algo tostados.

QUESILLO: LA PRUEBA DE FUEGO DE LAS NOVIAS

Este dulce es el favorito de mi hermano. Es más, llegué a pensar que era uno de los requisitos para mantener una relación estable con sus novias. Conocí a tres de ellas que le preparaban el quesillo como muestra de amor.

Para el quesillo

- **1 lata de leche condensada**
- **1 lata de leche evaporada**
- **4 huevos**
- **1 cucharadita de esencia de vainilla**
- **Ron al gusto (opcional)**

Para el caramelo

- **4 cucharadas soperas de azúcar**
- **1 cucharadita de agua**

Tiempo: 1 hora | **Porciones: 8**

1. Coloca en el molde para quesillo el azúcar con la cucharadita de agua y cocina hasta lograr un caramelo denso.
2. Luego, en la licuadora, echa las dos latas de leche y ve agregando uno a uno los huevos para que se integren bien y no queden grumos.
3. Por último, añade la esencia de vainilla y el ron.
4. Coloca esta mezcla en la lata previamente caramelizada.
5. Métela en el horno en baño de María y deja que se cocine de una hora a hora y media aproximadamente, a una temperatura de 400 °F.
6. Para saber si el quesillo está listo, introduce un cuchillo: este debe salir limpio.

TIRAMISÚ: EL REGALO DE LOS LUNES

Trabajando con los italianos, aprendí a hacer el mejor tiramisú del mundo. Ellos lo hacían el fin de semana y el lunes, cuando llegaba a trabajar, siempre tenían una porción para mí. Era tanto el cariño que nos teníamos que me regalaron su receta y yo la compartí con mi hermana para su empresa.

- **2 claras de huevo**
- **4 yemas**
- **1 barra y 3/4 de queso crema**
- **1 taza de azúcar**
- **2 paquetes de plantilla (*ladyfingers*)**
- **4 tazas de café preparado, aproximadamente (debe quedar bastante fuerte)**
- **2 barras de chocolate rallado**
- **Ron o brandy al gusto**
- **Cacao para decorar**

Tiempo: 45 minutos | **Porciones: 6**

1. En una olla en baño de María, coloca el azúcar junto con las yemas. Usando una batidora de mano para mezclar los ingredientes, cocina a fuego medio-alto hasta que el azúcar quede disuelto. (No se puede dejar de mover porque se cocina la yema y la idea es que se forme una pasta compacta).
2. Retira del fuego y agrega a esta mezcla el queso crema. Sigue batiendo hasta que queden bien unidos los ingredientes.
3. Por otro lado, bate las claras hasta que queden a punto de nieve. Luego, une estas dos mezclas y crea una crema (usa una paleta de repostería con movimientos envolventes).
4. En un tazón, coloca el café junto con el licor de tu preferencia y moja en él las plantillas. Deben quedar empapadas, pero ten cuidado de que no se deshagan.
5. En un molde refractario, coloca una capa de plantillas, una capa de la crema y una de chocolate, y así, sucesivamente, hasta llegar al tope del envase. Por último, espolvorea el cacao.

Te recomiendo colocar la crema en la nevera inmediatamente después de hacerla para que tome un poco de espesor.

Agradecimientos

Comienzo agradeciendo a Papá Dios, quien me ha guiado y ayudado a entender que cada sueño cumplido es solo un paso en el camino para hacer realidad el siguiente.

A mis padres y mis hermanos, por la compañía y empuje durante todo mi crecimiento. En especial a mi papá y mi mamá por haber venido detrás de nosotros a Estados Unidos a trabajar muy fuerte y dejando toda su vida atrás.

A mi esposa y mis hijas, por ser la gasolina de todos mis proyectos, por siempre apoyarme y dejar que les dedique tiempo a mis sueños.

A mis amigos, por ser los primeros que probaron mis platos, por mantenerme enfocado en un ambiente sano y por ser como una familia cuando la mía estaba lejos.

A mis compañeros de *Despierta América*, los que están delante y detrás de cámara, por creer en el Chef Yisus, recibirme como parte del equipo desde el primer día y apoyar "al nuevo" en todo. Incluyendo a mi *manager*, Raúl Mateu.

A mi jefa, Luz María Doria. Ella se convirtió en "la jefa de mis sueños" y me está haciendo vivir, desde que Dios la puso en mi camino, "mi momento estelar" (quienes leyeron sus libros saben de qué hablo). Como gran motivadora, se ha encargado de alimentar mi crecimiento. Gracias, jefa, por ser luz en esta aventura.

Y, para terminar, a los que han convertido este y todos mis sueños en una realidad: ustedes —el público, mi gente, mis amigos—, aunque no los conozca en persona, me han permitido estar a diario en sus casitas y hoy me dejan entrar una vez más para que cocinemos juntos mientras les cuento esas historias que jamás confesé.

Gracias.

Jesús Díaz, tu Chef Yisus

HALLACAS: EL SABOR DE LA FAMILIA EN LA COCINA

Continúa de la página 130

5 minutos. Incorpora los pimientos y saltea por 5 minutos. Añade el tomate y cocina hasta que este se rompa.

3. Agrega una taza de caldo, el vinagre, el azúcar moreno, el pimiento rojo molido, la pimienta negra, el chalote y el pimiento rojo asado. Llévalo de fuego lento a fuego alto.
4. Regresa las carnes al sartén. Reduce el fuego a medio-bajo y cocina hasta que la mezcla esté ligeramente espesa. Retíralo del calor y enfría un poco.
5. Combina ¼ de taza de aceite y semillas de achiote en una cacerola pequeña. Cocina a fuego lento hasta que el aceite tenga un color naranja intenso y las semillas comiencen a oscurecerse. Retíralo del calor y déjalo reposar por 10 minutos.
6. Pon el caldo restante (1½ tazas) en el microondas, a alta temperatura, hasta que esté caliente.
7. Reserva una cucharada de aceite de achiote, sin semillas, y pasa el restante a un procesador de alimentos. Agrega el caldo tibio, puré de calabaza, harina de maíz y ½ cucharadita de sal. Mezcla bien hasta que se forme una masa.
8. Cubre la mezcla y déjala reposando en el procesador por 30 minutos. Mientras, combina las pasas, las aceitunas rellenas, las alcaparras y las almendras, y reserva para rellenar las hallacas.
9. Para cada hallaca coloca una lámina cuadrada, con el lado brillante hacia arriba. Aplica ligeramente el aceite de achiote en el centro. Con las manos húmedas, forma 16 bolas (de 2 pulgadas o 5 centímetros) con la masa y coloca cada una en un cuadrado. Palméalas hasta crear un círculo de 6 pulgadas (poco más de 15 centímetros). Agrega ⅓ de taza de relleno y un poco de la mezcla del paso 8 en el centro, y espárcelo todo dejando ½ pulgada (alrededor de 1 centímetro) libre en los bordes.
10. Cubre con una rodaja de huevo. Usa papel de aluminio para doblar la masa sobre el relleno, de arriba hacia abajo y de lado a lado. Con los dedos húmedos, sella los bordes y envuelve los tamales en el papel de aluminio como si fuera un paquete.
11. Cocina las hallacas al vapor, cubiertas, entre una hora y hora y media o hasta que la masa esté firme. Cuando estén listas, desenvuélvelas y sírvelas.

Índice de ingredientes

Sobre el autor

Jesús Díaz nació en Caracas, Venezuela. En el año 2000 migró a Estados Unidos junto con su hermano mayor con la ilusión de convertirse en jugador de béisbol profesional.

Jugó béisbol hasta la universidad y, aunque estudió periodismo para televisión, siempre trabajó en la industria de restaurantes. Primero para la cadena IHOP donde, sin sus padres y como muchos inmigrantes empezando una nueva vida, le tocó empezar lavando platos y luego pasó a ser cocinero. Varios años después, ya dominando mejor el idioma, tuvo una oportunidad de trabajo en Gordon Food Service, empresa distribuidora de suministros y alimentos, como especialista y consultor. En 2012, Jesús inauguró su propio restaurante, Ikura Sushi Lounge, en Coral Gables: su primer negocio.

Su vida cambió cuando en el 2017 fue invitado al programa *Despierta América*, de la cadena Univision, para cocinar y hablar de su restaurante. Tras hacer unas pruebas ante las cámaras, se convirtió en el querido Chef Yisus del *show* de mayor audiencia de la televisión hispana en Estados Unidos.

Créditos de fotos

Shutterstock.com
6, 7, 8, 9: Olef, Spalnik, D_M, Kovaleva, Nataly, Jakapan Kammanern. **19**: Karissaa. **21**: vanillaechoes. **25, 107**: Nehophoto. **27, 127, 143**: AS Food Studio. **29**: Vika Hova. **31**: Nikolay Litov. **33**: Viktoria Hodos. **37**: vkuslandia. **39**: Liliya Kandrashevish. **43**: iLp088. **47**: Julia Bogdanova. **49**: Panunphong J. **51, 119**: Elena Veselova. **57**: vm2002. **61**: Natalia Lisovskaya. **63**: Thefoodphotographer. **69**: Sofia Felguerez. **79**: Tatyana Vic. **83**: GK1982. **89**: Sunny Forest. **91**: Ruslan Mitin. **99**: ekapol sirachainan. **105**: BBA Photography. **111**: gkrphoto. **113**: Playa del Carmen. **115**: OlesyaSH. **117**: Elena Eryomenko. **121**: Casanina. **135**: Joshua Resnick. **139**: NSphotostudio. **149**: Micaela Fiorellini. **155**: Ekaterina Rutsova. **167**: Natallia Yeupak.